기억의 공간에서 너를 그린다

기억의 공간에서 너를 그린다

©박내현, 변정윤, 변정정희, 신정임, 안미선, 용우,
장태린, 정윤영, 희정, 히니, 2024

초판 1쇄 인쇄 2024년 3월 20일
초판 1쇄 발행 2024년 4월 16일

지은이   박내현, 변정윤, 변정정희, 신정임, 안미선, 용우,
         장태린, 정윤영, 희정, 히니
기획   세월호참사 10주기 위원회
펴낸이   이상훈
편집2팀   원아연, 최진우
마케팅   김한성, 조재성, 박신영, 김효진, 김애린, 오민정

펴낸곳   ㈜한겨레엔 www.hanibook.co.kr
등록   2006년 1월 4일 제313-2006-00003호
주소   서울시 마포구 창전로 70(신수동) 화수목빌딩 5층
전화   02-6383-1602~3 팩스 02-6383-1610
대표메일   book@hanien.co.kr
ISBN   979-11-7213-044-2 03300

기억의 공간에서 너를 그린다

세월호참사
10년,

약속의
자리를 지킨
피해자와
연대자 이야기

글.
박내현
변정윤
변정정희
신정임
안미선
용우
장테린
정윤영
희정
히니

기획.
세월호참사
10주기 위원회

한겨레출판

노래하는 상처들

세월호참사로부터 10년이 지났다.

　그날 침몰하는 배에서 살아 돌아온 단원고 2학년들은 지금 20대 후반의 청년이 되었으니, 결혼을 해도 좋을 나이다. 이 장성한 젊은이들을 생각할 때마다 나는 생명의 아름다움을 새삼 알게 되는데, 돌아오지 않는 사람들이 떠오르는 것은 어찌할 수 없다.

　여러 세대에 걸쳐서 세습된 구조적 비리와 국가의 기능 마비가 참사의 원인과 배경이었다. 이 심층구조가 밝혀지는 과정은 그날의 현장만큼 고통스러웠으나, 곧 잊혔다. 망각은 산 사람들을 편안하게 해주었고, 편안함 속에서 참사는 거듭되었다. 세월호 이후 10년 동안 대형, 중형, 다발성 소형 참사들이 자고 새면 날마다 잇달았고 사람들은 다치고 병들고 죽고 통곡했고, 잊었다.

　이 책은 세월호참사의 희생자, 생환자의 가족들과 그 고통에 동참하는 사람들이 지난 10년 동안 서로 만나서 얼굴을 마주 대며 말하고 노래하고 위로하고 일하면

4

서 지내온 삶의 기록이다. 이들의 삶은 '기억의 공간'들을 중심으로 모여 있다.

내가 읽기에, 이 책에서 아름다운 페이지는 다친 사람들이 만나서 사람의 목소리로 '말'을 하면서 삶을 재건하고, 재건된 삶의 힘으로 미래를 지향하는 대목이다. 인간의 목소리에는 인간만이 감지할 수 있는 힘과 울림이 들어 있다. 자음은 목소리의 힘이고 모음은 목소리의 울림이다.

살아서 돌아온 화물트럭기사 오용선 씨는 참사 후에 심한 불면증과 우울증으로 생업이 어려웠는데, "말을 해야 나아진다는 것을 배웠다. 속에 있는 것을 털어내는 것이 중요하다"라고 속을 털어냈다.(222쪽)

가족과 시민들은 장례 절차가 모두 끝난 뒤에 모여서 노래를 불렀다(416합창단). 이 합창단은 50여 명의 단원들로 여러 음역을 고루 갖추었고 전국순회공연을 했다. 합창단원 안명미 씨는 노래하는 10년 동안 '노래는 말이다'라는 것을 깨달았다고 말했다.

"노래라는 게 음을 달아서 말을 하는 거더라고요. … 우리가 지금 부르는 이 노래가 저 사람들의 마음과 만나는구나… 관중이 우리의 마음을 맞이하더라고요."(309~310쪽)

사람으로부터 사람에게로 울리는 목소리의 힘에 의해 가족들은 고통과 슬픔을 거느리면서 그것을 넘어서 생활로 복귀했고 현실의 철벽에 조금씩 구멍을 뚫어냈다.

　간절한 마음들과 작은 힘들이 모두 모여서 생명존중에 대한 사회적 경각심을 집결시켰고, 중대재해처벌법 제정을 성사시켰고, 생명안전기본법 제정을 위한 국민청원을 이루어냈다.

　'기억의 방'은 한을 저장하는 창고가 아니고, 상처가 아문 자리에 새살이 돋아나는 신생의 방이다.

　멀리서 바라보니, 배가 가라앉은 바다에 봄이 와 있다.

2024. 4.
김훈 쓰다

일러두기

① 본 책은 세월호참사 10주기를 맞아
피해자와 시민들의 다양한 활동 경험을
공유함으로써 우리 공동의 기억이
생명존중사회, 안전한 사회를 만들어가는
동력이 되길 바라는 마음에서
기획되었다.

② 본 책에서는 '세월호참사 10주기'라는
표현을 사용한다. 1년을 단위로
돌아오는 돌을 세는 단위는 '주기'가
아닌 '주년'이 맞지만, 본 책을 기획,
준비한 '세월호참사 10주기 위원회'의
뜻에 따라 '세월호참사 10주년'을
돌아보고 '세월호참사 희생자 10주기'를
기린다는 의미로 '주기'라는 표현을
택했다. 다만 일부 원고는 '참사
10주년'과 '희생자 10주기'를 구분해
사용하고 있음을 미리 밝힌다.

③ 416 단원고 약전은 각 권의 제목을
밝히지 않고 《짧은, 그리고 영원한》으로
통일해 적었다. 그 외 '416 단원고 약전'
'단원고 약전' '약전' 등은 인터뷰이의
답변 맥락에 따라 혼용해 적었다.

④ 단체 및 기관명은 공식 명칭을
살려 적되, 약칭을 활용할 경우
'4·16기억저장소'(이하 기억저장소)
등과 같이 각 장마다 이를 밝혀
적었다. 또한 본문 내 가독성을 위해
단체, 기관이 공식 명칭으로 '4.16' 등
마침표를 사용하는 경우 '4·16'과 같이
가운뎃점으로 통일해 적었다. 인터뷰이의
답변 중에서는 별도의 표기 없이 약칭을
활용한 경우도 있는데, 앞뒤 본문을 통해
이해가 가능한 경우에 한했다.

⑤ 본문의 맞춤법은 국립국어원
표준국어대사전의 용례를 따랐으나,
구술의 맥락을 살리기 위해 비표준어,
방언은 그대로 두기도 했다.

10년 동안 약속을 지켜낸 사람들의 이야기

계절은 다시 봄, 10번째 봄을 맞고 있습니다. 지난겨울은 여느 겨울보다 유난히 변덕이 심한 날씨를 보여주었습니다. 처음 겪는 겨울의 이상 현상들은 재난 위기가 성큼 다가왔다는 경고이기도 합니다. 앞으로는 복합 재난의 위기를 겪어야겠다는 생각을 하며 겨울을 보냈습니다. 지난겨울 이전부터 세월호참사 10주기를 준비해 왔습니다. 이 책은 세월호참사 10주기 사업으로 기획되었고, 〈오마이뉴스〉에 2023년 12월부터 2024년 2월 중순까지 '세월호참사 10년의 사람들'이란 제목으로 두 달 보름간 연재한 글을 묶고 다듬은 것입니다.

　우리는 지금도 누구나 2014년 4월 16일을 기억합니다. 다른 봄날과 다름없던 그날, 우리는 각자의 자리에서 세월호의 소식을 들었습니다. 안타깝게 상황을 지켜보던 그때 날아들었던 '전원 구조' 소식에 환호했고, 비로소 가슴을 쓸어내렸습니다. 그러다가 그 소식이 오보였음이 알려진 뒤, 흔적도 없이 가라앉은 배와 함께 돌아올 수 없었던 이들의 상황을 TV 생중계로 보면서 같이 울었습니다. 세월호의 승객들이 살아 돌아오는 기적을 바라며 거리로 나와서 촛불을 들었습니다.

그 거리에서, 광장에서 우리는 함께 외치고, 행동했습니다. 그 연대의 힘으로 특별법도 제정했고, 침몰했던 세월호를 인양했고, 박근혜 정권 탄핵까지 이뤄냈습니다. 그 아름다웠던 기억들, 우리가 같이 만들었던 위대한 역사의 현장을 우리는 모두 기억하고 있습니다.

하지만 광장에 모였던 사람들은 대부분 일상으로 돌아갔습니다. 진상규명은 여전히 미완인 상태이고, 책임자들은 속속 법원에서 무죄를 받았고, 사면까지 받아냈습니다. 진상규명, 책임자 처벌을 통해 안전사회를 건설하자는 우리의 모든 노력이 큰 벽에 부닥친 것 같습니다.

생명존중과 안전사회를 바라는 시민들의 의식은 성숙했고, 그런 결과로 중대재해처벌 등에 관한 법률 등 안전 관련한 일부 법을 제정하기도 하고, 개정도 했습니다. 안전 관련 대책이 속속 만들어지는 것 같았습니다. 그런데 2022년 10월 29일에는 이태원참사를 맞았고, 2023년 7월 15일에는 오송 궁평지하차도 참사를 맞았습니다. 하나도 달라지지 않은 것 같은 위험사회, 국민이 죽어가는 위기 앞에서는 사라져 버리는 국가, 여전히 책임자는 처벌을 면하고 피해자만 남아서 온갖 모욕과 혐오를 견뎌야 하는 세상을 보고 있습니다. 우리는 무엇을 해온 것

일까요? 패배감에 절망에 무릎 꺾이는 시절, 그럼에도 이
봄에는 다시 시작하자는 다짐들이 곳곳에서 이어지고 있
습니다.

우리는 많은 것을 바꾸고 있습니다

그럼에도 아무것도 달라진 게 없다고 말하지 않았으면
합니다. 오랜 세월 당연한 것처럼 여겨지던 많은 것들을
바꾸는 중이라고 말하고 싶습니다.

먼저, 세월호참사 이후 재난을 대하는 이 나라의 공
식이 바뀌고 있습니다. 우리가 익히 알고 있는 재난참사
들의 경우 대부분 피해자들에게 온갖 감언이설로 장례를
치르게 한 다음에 몇 푼의 보상금을 지급하고, 아무도
모르는 곳에 위령탑 하나 세우면 끝이었습니다. 제대로
된 문제 제기와 조사는커녕 피해자들은 어디에서 권리를
말할 수도 없었습니다. 하지만 이제 피해자들은 고립되지
않고 적극적으로 시민들과 연대하게 되었습니다. '재난참
사피해자연대'가 발족했고, 피해자들을 지원하는 4·16재
단 부설 기관인 '재난피해자권리센터 우리함께'도 활동을
시작했습니다.

세월호참사 이후 세 번의 국가 조사 기구가 만들어
졌습니다. 사회적참사 특별조사위원회는 국가범죄를 확
인했고, 국가가 이를 인정하고 사과할 것을 권고했습니
다. 재난참사에 대해 국가의 공식 기구에서 처음으로 나

온 권고입니다. 명확한 결론에는 이르지 못했지만, 이처럼 집요하게 진상규명과 책임자 처벌을 위한 활동을 10년 가까이 이어왔던 경우는 없었습니다. 지금도 피해자와 시민들은 연대해서, 심지어 해외에서까지 활동을 이어가면서 10·29이태원참사의 진상규명도 요구하고 있습니다. 얼마나 놀라운 일인가요?

그리고 지금도 시민들은 곳곳에서 노란 리본을 만들어 나눕니다. 기억의 장소들이 팽목항, 목포, 제주, 서울, 안산, 인천 등에 여전히 유지되고 운영되고 있습니다. 세월의 풍화작용을 이겨내고, 흔적을 지우려는 세력들을 이겨내면서, 온갖 모욕과 핍박을 받아내면서도 이토록 긴 세월을 피해자만이 아니라 시민들과 함께 지켜냈던 적은 없었습니다. 그래서 안산 화랑유원지에 들어서는 추모공원(4·16생명안전공원)은 올해 하반기에 착공하고, 재난참사 피해자들을 위한 트라우마센터(마음건강센터)는 안산에서 공사가 진행되고 있습니다. 목포에 임시 거치된 세월호는 2026년에 영구 거치 장소인 고하도로 옮겨지고, 보전되어 기억과 교육의 장소로 활용될 것입니다.

이런 일을 피해자들과 함께 해왔던 사람들이 있습니다. 전국의 기억공간들에는 그런 시민들의 노력과 사연이 차곡차곡 쌓여 있습니다. 이 책의 1부에서는 전국의 주요 기억장소, 기억공간을 찾아가 10년 동안 그곳을 지켜온 사람들의 이야기를 들었습니다. 평범했던 시민들이 기억공간을 지키려고 했던 그 마음은 무엇이었는지, 그 공간은 어떻게 지켜지고 있는지, 한 편 한 편의 이야기가 모두 감동이 아닐 수 없습니다.

고통을 넘어서는 피해자들이 있습니다

이태원참사가 났을 때 세월호참사 유가족이 말했습니다.

"우리가 더 싸웠어야 하는데…. 미안합니다."

그들은 마음이 찢기고, 온몸이 아팠습니다. 남의 일이 아닌 자신의 일로 그 고통스런 참사를 받아들이는 것이었습니다. 그들은 말합니다.

"우리가 싸운다고 내 가족이 돌아오지 않는 걸 알아요. 하지만 다시는 이런 일로 우리와 같은 유가족이 생기지 않기를 바라는 마음으로 싸웁니다."

그런데 이 말은 놀랍게도 앞선 재난참사 유가족들이 새로 생긴 참사 유가족들에게 했던 말입니다. 삼풍백화점 붕괴참사의 유가족이 대구지하철 화재참사 유가족에게, 그리고 대구지하철 화재참사 유가족이 세월호참사 유가족에게 달려와 말했습니다. 그리고 이제 세월호참사 유가족들이 이태원참사 유가족들에게 같은 말을 합니다.

2부에서는 피해자들의 이야기를 전합니다. 10년 가까운 세월을 견뎌내면서 유가족을 비롯한 피해자들은 어떤 변화를 겪었을까요? 왜 그들은 거리의 투사로 바뀌어 가는 것일까요? 온갖 비난과 모욕, 혐오를 겪으면서도 싸워야 한다는 피해당사자들의 이야기입니다. 우리가 일상으로 돌아가 잊고 있는 사이 그들은 활동가로 성장하고 있었습니다. 문화적인 방식인 합창과 연극으로 시민들에게 다가가는 사람들, 봉사를 통해서 아프고 힘든 이웃을 보듬으려고 나선 피해자들, 기록으로 남기기 위해 분투하는 이들의 이야기가 있습니다. 그리고 대체로 세상이 주목하지 않았던 일반인 희생자의 가족 이야기도 전합니다. 한 사람 한 사람의 이야기가 절절하지만, 그들은 피해자다움을 거부하고 10년의 세월을 이겨내고 다른 세상을 바라보고 있지요.

　　피해자라고 같은 위치에 있지 않습니다. 다양한 처지와 입장과 이해가 있습니다. 그럼에도 그들에겐 공통점이 있습니다. 이제는 자신과 같은 피해자들이 생기지 않도록 하는 일, 나의 사건을 더 밀고 나가면서 진상규명이 되고, 책임자들을 처벌하는 일이 단지 자신의 울분을 풀기 위한 게 아니라는 걸 알고 있습니다. 다른 이들은 자신과 같은 비극을 겪지 않아야 한다는 다짐과 의지가 있습니다. 세월호참사 피해자들이 만들어가고 있는 세상을 열린 마음으로 읽어주시길 부탁드립니다.

우리의 10년입니다

1부와 2부에서 전하는 이야기는 그들만의 이야기는 아닙니다. 저는 세월호참사를 겪은 이들은 어떤 기억이라

도 갖고 있다고 생각합니다. 기억공간을 지켜온 사람들
과 피해자들의 이야기가 여러분들에게 가닿기를 바랍니
다. 그렇게 닿은 이야기들이 그들만의 이야기가 아닌 나
의 이야기가 되고, 우리의 이야기가 될 것입니다. 나만의
기억이 아니라 모두의 기억을 모으고 나누었으면 합니다.
세월호참사 10주기가 지나더라도 자신이 겪은 세월호참
사에 대한 이야기를 4·16재단에 보내주시면 잘 분류해서
보관하겠습니다. 사진 한 장에 담긴 사연, 짧은 영상, 그
리고 그 당시에 썼던 메모나 글이라도 좋습니다. 기억을
모으는 작업은 계속될 것입니다.

　오늘의 책이 만들어지기까지 많은 사람의 노고가 더
해졌습니다. 이 기획을 듣고 선뜻 작가들에게 제안을 하
고, 작가들을 모아준 송경동 시인에게 감사드립니다. 송
시인의 제안에 자신들의 작업을 뒤로 미루면서까지 함께
해 주겠다고 나서준 10명의 작가에게 진심으로 감사드립
니다. 부족한 시간과 지원에도 불구하고 공간을 방문하
고, 피해자들을 만나면서 글을 작성해 주셨습니다. 4·16
재단의 장옥주 팀장, 유진솔, 김재윤 간사에게도 감사드
립니다. 작가들과 〈오마이뉴스〉와의 소통에서 크고 작은
일들을 맡아서 해냈습니다. 그리고 〈오마이뉴스〉의 신나
리 기자에게 감사드립니다. 꼼꼼히 원고를 검토하고 조
금이라도 더 많은 독자들이 읽게 하기 위해 노심초사하
면서 20편의 글들이 게재될 수 있었습니다. 그리고 추천

사를 써주신 김훈 작가님께도 감사드립니다.

　무엇보다 이 책의 주인공은 기억공간을 지켜온 지킴이들입니다. 이분들이 시간을 내고, 마음을 내어서 인터뷰에 응해주었기에 책이 나올 수 있었습니다. 또 인터뷰에 응해준 피해당사자들에게도 감사드립니다. 그들이 자신의 진솔한 이야기를 들려주었기에 세상에 전할 수 있었습니다.

　이 책을 기획했던 사람으로서 마지막 바람은 이 책을 읽은 분들이 세월호참사 기억공간을 찾아가서 그곳을 지키는 사람들, 그리고 피해자들의 이야기를 들어주시는 일입니다. 기억은 힘이 셉니다. 우리가 기억하지 못하면 세상은 더 위험해질 것입니다. 10년 뒤에는 우리가 지닌 기억의 힘으로 세상은 더 안전해졌다는 이야기를 나누고 싶습니다.

　박래군(4·16재단 상임이사)

차례

1장

10년의 기억을 담은 공간들

세월호는 아직, 여기에

목포신항만 세월호 선체, 김애숙·정성욱

글 / 정윤영

노란 나비였다. 펜스에 묶어놓은 노란색 리본이 바람에 흩날리나 했는데, 정말 나비였다. 서울에서는 보지 못한 작고 노란 나비를 목포신항만에서 아주 오랜만에 보았다. 나비는 작게 날갯짓하며 리본과 연두색 펜스 사이를 천천히 오갔다.

하역도, 승객도 없이

목포신항만에는 2017년부터 7년째 묘박 중인 배가 있다. 세월호다. 신항 북문으로 가는 길에는 노란색 리본이 매달려 있고, 북문 앞에는 미수습자 다섯 명의 사진이 커다랗게 붙어 있다. 북문 사거리에는 '진실을 인양하라'부터 '세월호 지우기 중단'까지 7년의 세월을 담은 문구가 현수막에 적혀 있고 입구 옆에는 작은 컨테이너 두 개가 나란히 자리했다.

멀찌감치 세월호가 보였다. 파란색과 하얀색으로 색칠한 배, 1000일 넘게 바다에 잠겨 있던 그 배, 2014년 4월 16일 결국은 기울어지고 만 순간부터 물 밖으로 들어 올려지기까지 온 국민이 함께 지켜봐 온 배였다.

입구에서 신분증을 맡기고 출입증을 받았다. 경비원은 들어가기 전에 입구에 붙어 있는 안내 사항을 읽어보라고 당부했다. 안내 사항에는 세월호를 배경으로 인물 사진을 찍지 말라는 문구가 있었다. 천천히 세월호가 있는 곳으로 걸어갔다. 지금은 선체가 있는 곳까지는 들어갈 수 없어 펜스 사이로만 바라봐야 했다. 바다 가까이 안벽 근처에 세월호 선체가 있고 그 앞에는 세월호에서 나온 펄과 부품들이 길게 줄을 지어 놓여 있었다.

　사람 몸통만 한 고철이 휘고 비틀어지고 잘려 나간 흔적이 펜스 사이로 또렷하게 보였다. 용달차는 뒷부분이 잘려 나갔고 바닥으로 주저앉은 운전석만 남아 있었다. 포클레인은 위아래가 뜯어져 내부가 훤히 보였고, 강원도에서 왔을 포클레인의 차량번호판은 번호가 지워져 보이지 않았다. 배를 받치는 쇠기둥은 한때 노랗고 하얀 빛을 띠었겠지만, 지금은 페인트칠이 모두 벗겨진 채 바닥에 부스러져 있었다. 환기구였을 네모난 쇠붙이는 녹슬고 찌그러져 다른 쇠붙이 사이에 끼어 있었다. 검은색 고무호스들이 더미를 이뤄 쌓여 있고, 커다란 레커차는 잔뜩 찌그러졌다. 커다란 바퀴들도 바람이 모두 빠져 주저앉았다. 아마도 문이었을 네모난 나무판에는 둥그런 창문이 달려 있었다. 그곳에 있던 사람들이 이 작고 둥그런 창문 바깥을 내다보기도 했을까? 밤에는 불꽃놀이를 하곤 했다는데 이 앞에서 불꽃과 별빛을 보기도 했을까?

　세월호는 컸다. 선체 앞을 받치는 기둥은 양쪽에 다섯 개씩 있었고, 후미도 기다란 기둥 두 개로 받쳐놓았다. 이렇게 크고 무거운 배가 10년째 가슴속에 가라앉아 있다. 녹슨 물이 선체 아래로 길게 흘러내려 굳어졌고, 세월호라고 쓴 글자는 가려지고 지워졌다. 선체의 오른쪽 외

위　목포신항만 북문 앞에는 미수습자 다섯 명의 사진이 커다랗게 붙어 있다.
©4·16재단

아래　펜스에 묶인 노란 리본은 모두 색이 바랬다. 그 사이로 세월호 선체가 보인다.
©정윤영

판은 모두 녹슬었다. 1000일 넘게 바다에 잠겨 있던 쪽이다. 하얀색이던 선체의 색도 거의 남아 있지 않다. 붉게 녹슨 곳은 움푹 패어 있기도 하고 볼록 솟아 있기도 하고 찢어지기도 했다. 찢어지고 갈라진 틈에 새들이 있다. 외판에 크게 그림자를 드리우며 새들이 날아다닌다.

세월호 옆에선 하역 작업이 한창이었다. 배에 짐을 싣는 소리가 신항을 채웠다. 화물을 싣는 선박은 아래가 파랬고 위는 하얗게 색을 칠했다. 하역도 승객도 없이, 진실을 기다리는 세월호가 묘박해 있는 곳은 새들이 드나들 뿐 조용했고 노란 리본만 바람에 나부꼈다. 세월호 뒤로 커다란 배들이 천천히 움직였고, 가끔 선체를 바라보곤 '우리 애기들' 하며 탄식을 내뱉는 사람들이 오고 갔다.

신항만에서 자원 활동을 하고 있는 목포 시민 김애숙 님과 세월호 선체 탐방 안내를 해온 유가족 정성욱 님을 각각 목포와 안산에서 만났다. 신항만에 세월호가 들어오던 때부터 10주기를 앞둔 현재까지 어떻게 지내왔는지 이야기를 들었다.

그냥 가야 할 것 같아서

2017년 3월 목포신항만에 세월호가 왔다. 김애숙 님은 신항으로 달려갔다. 왜냐고 물으면 모르겠다고 답할 수밖에 없지만 세월호가 있는 곳으로, 유가족이 있을 곳으로 걸음이 향했다. '그냥 가야 할 것 같아서'라는 말 밖에

하역도 승객도 없이, 녹슨 선체가 진실을 기다리며 외로이 정박해 있다. ©4·16재단

는 덧붙일 말이 생각나지 않았다.

비가 오는 날이었다. 허허벌판에 유가족이 있을 만한 곳이 없을 텐데, 발을 동동 구르며 신항으로 향했다. 급하게 신항 북문에 텐트를 쳤고, 항만 옆 삼호중공업 노조 조합원들은 텐트가 젖지 않도록 바닥에 천막을 깔았다. 주위에는 아이들의 이름이 적힌 리본과 진상규명을 요구하는 현수막이 달려 있었다. 목포 촛불집회에서 만난 시민단체와 개인들이 인양 소식에 '세월호잊지않기 목포지역 공동실천회의'(이하 실천회의)를 만들었고 그곳에서 몇 달 전부터 준비한 리본이었다.

멀리서 기울어진 배가 보이기 시작할 때부터 유가족들은 울음을 쏟아냈다. 김애숙 님은 '가슴이 먹먹'했다. 말을 건넬 수조차 없었다. 부랴부랴 준비해 온 컵라면과 도시락을 유가족에게 전달하는 것 말곤 무엇을 해야 할지 알 수 없었다.

그런 와중에 오영석 님의 엄마, 영석 엄마는 봉사자들에게 부탁해 여섯 개들이 컵라면 박스를 버리지 못하게 했다. 밤이 되면 컵라면 박스를 쟁반 삼아 보온병에 든 커피와 초코파이를 신항 북문에 있는 전경들에게 가져다줬다. 출입을 막고 신분을 확인하면서 북문 앞에 늘 서 있는 그 전경들에게. 3월의 바다는 아직 춥다면서.

배가 들어온 첫날부터 김애숙 님은 매일 신항에 갔다. 고등학생이 된 딸을 학교에 데려다주고 곧바로 신항

26

으로 향했고 가족들이 오는 시간에 맞춰 밤 11시에 집으로 돌아왔다. 텐트는 커다란 컨테이너로 바뀌었고 봉사자 부스라 부르는 그곳에서 매일 천을 자르고 리본을 만들었다. 옷마다 본드가 묻어 멀쩡한 옷이 없었다. 재료들을 집에 가져가 리본을 만들 정도로 많은 사람이 세월호를 찾았다.

3년 만에 인양된 세월호는 훼손이 심했다. 외판은 심하게 녹슬었고 배에 난 구멍은 생각보다 너무 컸다. 세월호 내부에는 갤러리가 있었다. 선주의 개인 전시실로 알려진 이곳은 일반 객실과는 달리 훼손 없이 말끔했다. 바닥도 천장도 신경 써서 만든 게 한눈에 보였다. 김애숙 님은 그게 그렇게 화가 났다.

봉사자 부스에 매일 있으면서 '유명한 정치인'은 다 본 것 같았다. 전부 사진을 찍으러 왔다. 혼자 조용히 왔다 간 한두 명을 빼고는 '속없이' 세월호를 뒤에 두고 인증 사진을 찍었다. 기울어지고 녹슨 배와 그곳을 드나드는 사람들로 마음이 어지러웠다. 그럴 때마다 유가족이 있는 곳으로 가서 리본을 만들었다. 신항에는 더운 5월, 6월에 한겨울 파카를 입고도 너무 춥다던 경빈 엄마가 있었고 전경에게 음료를 가져다주던 영석 엄마와 몇 번이나 단식을 하며 진상규명을 외치던 동수 아빠가 있었다.

김애숙 님처럼 '가야 할 것 같아서' 오는 시민들도 있었다. 뭐라도 해주고 싶다며 모금함을 찾는 사람, 경북에서 혼자 찾아와 선물을 주고 간 사람, 영광에서 갓김치를 담가 택시를 타고 와 울면서 내리던 할머니, 신항에 있는 304명의 사진을 보곤 '우리 애기들' 하며 억울해하던 사람들. '자기들이 할 수 있는 걸 다 한 것' 같은 사람들이었다.

부모로서 한 약속

어떻게 10년 동안 계속 활동할 수 있었냐는 질문에 김애숙 님은 '시간이 많아서'라고 하면서도, 봉사자 부스에서 만난 사람들 이야기를 거듭 했다. 무엇보다 그를 계속하게 만든 건 유가족과 보낸 시간, 그들과 한 약속이었다. 아니 그건 자신과 한 약속이기도 했다.

> "새해 첫날하고 추석 전날 상차림을 해요. 처음에는 안 했었는데, 몇 년 전에 차례상 하자 해서 시작했죠. 순범 엄마가 우리랑 많이 친해지니까 이거(상차림) 끝날 때까지 해줄 거지? 해결될 때까지? 이러더라고. 해야죠. 이제 유가족하고 연대가 되어 있잖아요."

유가족들의 투쟁과 시민들의 연대로 어렵게 세월호 선체조사위원회(이하 선조위)와 사회적참사 특별조사위원회(이하 사참위)가 꾸려졌다. 하지만 신항을 찾는 사람들은 뜸해졌고 때마다 찾던 정치인들도 세월호 대신 재래시장을 찾았다. '이제야 매듭이 좀 풀리나' 싶어지던 때도 김애숙 님

가까이에서 본 선체는 커다랬고, 붉게 녹슬고 갈라져 있었다. 바다에 잠겨 있던 쪽은 하얀
페인트칠도 거의 남아 있지 않다. ©4·16재단

은 발걸음을 멈추지 않았다. 그처럼 개인으로 활동하는 사람들끼리 모여 '목포 4·16공감단'을 만들었고 함께 봉사자 부스를 지켰다. 매년 두 번씩 상차림을 하며 진실이 밝혀지기만을 기다렸다.

상차림은 실천회의에서 예산을 모으고 공감단에서 준비한다. 상차림 음식을 허투루 할 수는 없어 공감단 단장 김영미 님과 김애숙 님은 몇 달 전부터 바빠진다. 낚싯배에서 잡은 생선을 직접 손질해서 말리고, 봉사자 부스에 앉아 고구마 줄기 껍질을 벗긴다. 그렇게 준비한 상차림 음식은 유가족들이 꼭 챙겨 갔다. 유가족들이 나눠 먹는다면서 팽목에 가져가기도 했다. 유가족들은 상차림을 준비하는 공감단에 늘 고맙다는 말을 달고 다녔다. 김애숙 님은 몇 달간 상차림을 준비하고, 몇 년 동안 자리를 지킬 수 있었던 이유에 대해 이렇게 답했다. 자신도 '부모니까.'

"저도 부모라서 가능한 것 같아요. 억울하잖아요. 원인을 알아야지, 왜 이렇게 됐는지. 살 수도 있었는데, 살 수가 있었잖아. 건질 수 있었잖아! 다 내 자식 같고, 나는 부모니까."

세월호도, 이태원도 모두 내 일

촛불로 정권이 바뀌었지만 진상규명은 여전히 지난했다. '매듭이 풀리려나 싶으면 다시 묶이는 것 같은' 시간이었다. 해수부도 해경도 '너무 감추려고' 하고 '똑같은 말만' 해댔다. 선조위도 사참위도 왜 배가 가라앉았는지, 왜 구하지 않았는지 결국 알아내지 못했다. 세월호 선체도 개방을 한댔다 안 한댔다 계속 말이 바뀌었다. 4·16생명안전공원(이하 생명안전공원) 설립은 또 지연되었다.

또 한 번 정권이 바뀌었고 선체 내부는 출입이 완전히 금지됐다. 위험하다는 이유였다. 같은 이유로 선체 개방을 반대해 와서, 선체 안전진단을 받은 지 얼마 되지 않은 때였다. 하루아침에 선체가 있는 항만으로 들어가는 비밀번호가 바뀌었다. 유가족과 실천회의는 급하게 기자회견을 열었지만, 닫힌 문은 열리지 않았다. 출입 금지를 알리는 안내문만 크게 걸렸다. 김애숙 님은 공간을 지키던 단체와 시민들이 '상황이 이래서 (앞으로) 어떻게 될지 모르겠다' 하는 소리를 종종 들었다. 해경 지휘부 전원 무죄 확정이라는 소식도 들어야 했다.

'상상도 못 했던' '다시는 없어야 할 재난'에 김애숙 님이 자신의 삶이 완전히 바뀌었다고 할 만큼 '닥치는 대로' 할 수 있는 일을 한 것은 정부를 믿지 않기 때문이기도 했다.

"정부를 못 믿죠. 믿을 사람이 없는 거예요. 세월호가 안 터졌으면 (내) 삶은 별로 변함이 없었겠죠. 그런데 의식이 많이 바뀌었다고 해야 하나. 내가 적극적으로

31

참여하지 않으면 세상은 안 바뀐다. 이게 내 일이 아
니기를 바라지만 언젠가 우리한테 닥칠 일이잖아요."

그리고 이태원. 세월호에 탔던 아이들이 구조되었다면, 그
아이들이 커서 클럽도 가고 핼러윈도 즐겼을 것이다. '우
리 세월호 애들이' 딱 그 나이였다. 김애숙 님의 아들은
작년에 군대에 있어 이태원에 가지 않았지만, 그렇지 않
았다면 그곳에 놀러 갔을 수도 있다. '그러니까 세월호도
이태원도 내 일'이었다. 김애숙 님은 '진짜 안전한 사회가
아니'라는 걸 다시 느꼈고 진상규명이 무엇보다 간절했다.
　　간절함이 더 커진 건 입대한 아들이 근무하는 연평
도에 포격전이 있고 난 뒤였다. 아들과 동기였던 보병 한
명이 방공호에 대피해 있으면서 가족에게 문자를 보내왔
다. "엄마, 살아서 휴가 나가서 만나요." 그러고는 몇 시
간 동안 연락이 끊겼고, 그 문자는 동기의 부모들이 모여
있는 단체 카톡방에 올라와 난리가 났다. 그때 김애숙 님
은 세월호 부모들이 떠올랐다. 그들의 마음을, 그 심정을
알 것 같았다. 모르고 싶어도 모를 수가 없었다. 110발의
포격이 떨어지는 곳에 있는 아들의 소식을 맘 졸이며 기
다릴 때, 그가 세월호 '애기들'을, 그 부모들을 떠올린 건
자연스러운 일이었다. 그런데도 '아직도 세월호냐'고 묻
는 사람들이 있다. 김애숙 님은 가장 화나는 게 그런 말
이라며 한참을 울먹였다.

2018년 선체 내부 공개 당시, 고 정동수 님의 어머니 김도현 님의 모습. 현재는 안전을 이유로 선체 내부 출입을 완전히 금하고 있다. ©한겨레 김봉규

"누가 '아직도 세월호 거기 있어?' 그러는데 해결이 안 됐으니까 있는 거 아니에요? 미수습자도 아직…. '그 정도 해줬으면 됐지' 이런 말들이 너무 무서운 것 같아요. 보상금 받으려고 한다는 소리가 제일 듣기 싫거든요. 들을 때마다 아니라고 말해야 하나 말아야 하나 늘 고민되고. 아니라고 해도 안 듣는 사람이 있으니까 언성만 높아지고.

세월호도 어떻게 보면 고철이죠. 녹슬어 있는 거 보면 막…. 옆에 큰 배가 들어올 때 보면 세월호가 너무 초라해 보이는 거예요. 선체가 위험하다고 출입 금지했는데, 위험하다고만 하지 말고 빨리 진상규명해서 해결을 해야 되는데…. 이렇게 있다가 진상규명도 안 되고 없어지면 어쩌나 싶어요."

잊지 않을 사람이 더 많다

세월호가 자꾸 잊히는 것 같다. 10년이 지나면서 시민 모임도 많이 사라졌고 남아 있는 사람들도 힘이 많이 빠졌다. 친하게 지내던 유가족이 아프다는 소식을 자주 접했다. 진실이 점점 멀어진다고 느낄 때가 많다. 그럼에도 김애숙 님이 4·16공감단과 계속해서 활동을 이어가는 건 노란 리본 때문이다. 녹슨 고철이 무섭다고 없애자고 하는 사람이 있는가 하면, 학생들이 메고 다니는 가방에 여전히 노란색 리본이 달려 있는 것을 보기 때문이다. 봉사자 부스에서 공감단 회원들과 혹은 유가족들과 만든 리본일까? '어디서 났냐 물어보고 싶을 정도로' 뿌듯했다.

정부는 믿을 수 없고, 속 모르는 얘기를 떠벌리는 사람도 있지만, 자기가 할 수 있는 건 다 하는 사람들, 세월호를 잊지 못한, 잊지 않을 사람이 더 많다는 걸, 그런 사람들의 힘은 믿을 만하다는 걸 김애숙 님은 익혀왔다. 믿을 거라곤 함께하는 사람들뿐이라는 걸 잊지 않으려 한다. 그가 정당에 가입하고 4·16공감단의 이름으로 다른 활동을 계속하는 건 그런 이유였다. 봉사자 부스에서 시작한 활동이 다른 단체까지 넓어졌지만, 김애숙 님에게는 '세월호가 1번'이고 '여기, 신항이 먼저'다. 그렇게 그는 10년 동안 봉사자 부스를 오갔다.

김애숙 님은 앞으로의 일이나 계획 같은 건 잘 생각하지 않는다고 했다. 다만 '끝날 때까지' 함께하겠다고 한 순범 엄마와의 약속을 지키려 한다. 그 끝은 진상규명과 책임자 처벌이라는 사실도 잊지 않으려 한다. '한 걸음, 한 걸음 끝까지 나아갈 수 있게 함께 걸어줄 사람이 있으면 좋겠다'고 김애숙 님은 기도한다.

지옥에서 보낸 10년

"자식이 죽으면 가슴에 묻는다는 말이 있는데, 저는 아직까지도 가슴에 묻을 수가 없습니다. 가족들이 아이들을 가슴에 묻을 수 있도록 우리 애들이 왜 그렇게 추운 바다에서 갈 수밖에 없었는지 끝까지 진실 규명을 부탁드립니다."

2015년 4·16세월호참사 특별조사위원회 1차 청문회 마지막 날 동수 아빠가 아들의 마지막 모습이 담긴 사진을 들고 한 말이다. 아들을 가슴에라도 묻고 싶어 10년을 정신없이 살았다. 사고가 있고 난 뒤부터 지금까지 지옥에서 보낸 10년이었다.

선체를 인양할 때부터 믿음이 안 갔다. 해수부가 유가족들에게 한 말과 기자들에게 한 말이 달랐고, 세월호가 도착한 뒤 가족들의 출입을 막는 등 사사건건 실랑이였다. 인양부터 선조위 발족까지 모든 과정이 투쟁이었다.

세월호는 처참했다. 그러리라 예상했지만 현실은 더 처참했다. 그래도 진실이 밝혀지리라는 기대가 앞섰다. 유가족들은 선체기록단을 꾸려 하루에 두 번 선체 내부로 들어가 세월호를 기록했다. 그곳에는 사람 키보다 높이 펄이 쌓여 있었다. 가족들은 증거와 유류품을 챙겨 나왔고, 그 과정을 직접 기록했다. 차량 블랙박스를 챙긴 것도 유가족이었다. 매일 아침 신항을 한 바퀴 돌며 세월호에서 나온 폐기물이나 쓰레기가 있으면 뒤져보는 게 일과였다.

선조위 조사관이 들어온 뒤에도 상황은 비슷했다. 증거물 수집이나 진상규명에는 관심이 없어 보였다. 선조

위의 보고서는 성과가 없었다. 끈질기게 자료를 요청하고 질문을 던졌지만 답을 듣지는 못했다. 이해할 수 없는 일들이 너무 많았고 기대가 무너져 갔다.

정권이 바뀌자 해수부 사무관은 회의 자리에서 대놓고 "하늘 색깔이 바뀌었다"고 했다. 세월호와 관련된 예산이 축소되었고 선체 내부는 출입이 금지됐다. 4·16생명안전공원 설립도 예산 문제를 들먹이며 시일을 미뤘다.

'또 어떻게 싸워야 하나' 싶지만 선조위도 사참위도 모두 끝난 지금, '방향을 찾기가 어려운 상황'이라고 동수 아빠는 생각한다. 10년 동안 유가족으로 살면서, 진도 분과장부터 인양 분과장과 진상규명 부서장으로 지내면서 그는 의문만 늘었다. 안산에서 목포와 팽목을 오가며 진상규명에 전부를 바쳤다. 잇몸은 다 주저앉았고 귀는 신경이 손상돼 잘 때도 매미 우는 소리가 들렸다. 10년간 뒤엉킨 기억들이 자꾸만 지워진다. 그런 자신을 보며 한계라고 느낀다.

아빠로서 떳떳하고 싶어서

진상규명을 외치는 목소리는 4·16세월호참사 가족협의회(이하 가협) 안에서도 작아졌다고 그는 생각한다. 선조위와 사참위 결과가 미덥지 못했고, 사회 분위기도 결과를 따랐다. 시민들과 만나는 자리에서도 진상규명에 대해 말하는 사람은 드물었다. 동수 아빠가 보기엔 진상규명이 먼저였다. 최근 이태원참사와 오송참사를 보면서 다시 한번 느꼈다.

> "왜 구하지 않았고 왜 침몰했는지를 알아야 책임자를 처벌하고 그 이후에 안전사회로 갈 수 있는 목표가 정해진다, 저는 처음부터 그렇게 확신했어요. 아무도 처벌을 안 받는데 어떻게 안전사회로 가겠어요.
>
> 　10월 29일, 이태원참사 일어났을 때 제 느낌이 어땠는지 알아요? 똑같이 가겠다. 길게 끌면 안 된다, 빨리 끝내야 된다. 정부가 세월호 보고 학습한 거예요. 오송참사도 마찬가지고 이태원참사 일어났을 때 더 확고해졌는데 한계를 느끼니까….."

세월호부터 이태원, 오송까지. 10년을 돌이켜 보면 '솔직히 후회'한다. 세월호참사 소식을 들은 순간부터 사는 게 '지옥'이었다. 지옥은 '고통'스럽게 계속 이어졌다. 잠깐 삶에서 '희망'을 본 적도 있었다. 세월호가 인양됐을 때였다. 이제 '밝혀지겠지' 싶은 희망은 곧 '기다리는 고문'이 되었다. 사참위 활동 종료 이후에는 모든 것이 끝. 할 수 있는 게 없었고 그의 지옥에는 '암흑'뿐이었다.

　동수 아빠는 이제 사람을 믿지 않는다. 그렇게 답할 수밖에 없게 되었다. '가장 믿었던 변호사한테, 국회의원들한테 등에 칼 맞아'가며 깨달았다. 촛불로 만든 정권.

'뭐라도 하는 줄 알고' 정권만 믿고 기다린 시간이 '가장 뼈아픈' 실수였다. 진상규명이 되지 않는 것은 그가 보기에 과학이나 사실의 문제가 아니었다. '이권'의 문제였고 '권력'이 개입하는 문제였다. 선조위 활동이든 뭐든 적극적으로 관여할 수밖에 없었다. 어딜 가든 녹음기를 켜는 게 습관이 됐고 회의 자료는 무조건 챙겼다.

'어느 순간 혼자만의 세계에 갇힌 것' 같았다. 계속해서 싸우고 싶지만 그럴 힘이 없다. 같이하던 사람들과 갈등만 커졌다. '왜 이걸 못 밝히고 있을까? 아빠로서 왜 못 하고 있을까?' 하는 무능력함을 느꼈고 위태로운 순간들이 많았다. 신항 컨테이너에서 잠들지 못하고 혼자 있는 어두운 시간이 무서웠다. 그럴 때 누군가 있어줬으면 했다.

물론 매일 만나는 사람이 있고, 늘 고마운 사람들이 있었다. 세월호를 보면서 아파하는 사람, 퇴근 후 부스에 들러 유가족들에게 침을 놔주는 사람, 항상 밥 먹었는지 끼니를 챙겨주는 사람, 봉사자 부스에 노란 리본이 모자라지 않게 채워두는 사람, 늘 받기만 하는 게 미안할 만큼 도움을 주는 사람들이.

그러나 지옥 같은 시간들을 버티게 한 것은 '아빠로서 떳떳하게 아이를 만나고 싶다'는 마음 하나였다. 진실을 밝히고 아들을 가슴에 묻겠다던 10년 전 약속은 '변함이 없다.' 그래서 동수 아빠는 활동가로 불리는 게 이상하다. 무언가 마무리됐다고 착각하게 될까 봐, 또 세월호 유가족들이 자꾸 단절되는 것 같아서 불편하다. 진상규명이 된 후에는 활동가의 삶을 살 수도 있다고 생각한다. 다만 지금은 동수 아빠로서, 세월호 희생자의 유가족으로서 살고 있을 뿐이다.

세월호 선체 보전 장소가 정해졌다. 그러나 세월호 이동 방안과 함께 세월호 안에 있던 자동차와 유류품 폐기 문제와 추모관 등 공간 설립 문제가 아직 남아 있다. '해수부에서 어떻게 나올지 모르지만 우리 것(가협 의견) 수용할까?' 하는 생각부터 든다. '부딪치는 것밖에 안 남은' 것 아닌가 싶은 건 실제로 지금껏 그래왔기 때문이다. 유가족들과 갈등을 빚어가며 10년 동안 부딪쳐 왔는데, 앞으로 어떻게 해야 할지 길이 보이지 않는다. 10년의 시간이 지나 세월호는 자꾸 잊히고 '이제 그만하면 됐다'고도 한다.

그러나 가족에게로 돌아오지 못한 승객이 다섯 있다. 녹이 슨 세월호 선체는 항만 끄트머리에 위태롭게 머물고 있다. 선체와 함께 인양되리라 기대했던 진실과 진상은 인양되지 않은 채, 관련자는 무죄를 받고 책임자는 풀려나기도 하는 2024년. 세월호는 아직, 여기에 있다.

2024년 3월 16일, 기억과 약속의 달 선포 기억문화제에서 동수 아빠 정성욱 님이 발언하고 있다. ©안미선

골목 곳곳에 아이들의 기억이 있다

안산 '기억과 약속의 길', 고명선

글 / 변정윤

곧 10주기가 되는 4·16세월호참사는 우리 마음 어디쯤 자리하여 기억되고 있을까. 2024년 4월이 오기 전 참사의 진실이 규명되고 책임자 처벌이 이루어질까. 재발 방지를 위한 실질적인 대책이 법으로 마련될까. 진실 규명, 책임자 처벌, 재발 방지에 대한 사회적 약속은 희생자의 명예를 회복하고 피해자가 일상에 복귀할 수 있도록 하는 전제 조건이다. 약 10년이 지난 지금, 잊지 않고 기억하겠다던 우리의 약속이 희미해지고 있진 않은지 스스로에게 물어볼 때이다. 세월호참사가 일어난 그날부터 지금까지 일상에서 기억과 추모, 연대를 통해 약속을 지켜가는 사람이 있다. 안산 지역에서 '기억과 약속'을 실천하는 고명선 님을 만났다.

아이들을 만나는 길

"아이들이 무사히 돌아올 거라고, 그때만 해도 구조될 거라고 믿었어요. 아이들이 어딘가에 모여서 잘 있다가 기적처럼 올 거라고…. 촛불을 들고 간절하게 마음을 모으면 아이들이 모두 돌아올 줄 알았어요. 단원고에 모인 촛불이 화랑유원지로 모이고 그다음에 안산문화광장으로 이어졌어요."

전 국민의 간절한 바람과 달리 비극은 현실이 되었다. 고명선 님은 당장 팽목항으로 달려가지 못하는 자신을 원망하며, 무엇을 어떻게 해야 하는지 방법을 찾을 수 없어 깜깜한 절망을 느꼈다. 그것이 참사에 대한 첫 기억이었다. 그것을 "대단히 큰 슬픔"이라고 했다.

> "'이제 그만해야지. 저렇게 계속 떼를 쓰면 어떡해. 도대체 몇 년을 우려먹어'라는 이야기를 대놓고 하는 사람들이 있어요. 올봄에 그 소리 들으면서 너무 속상해서 울고 싶었어요. 예전에 피케팅 하러 청와대 앞이나 광화문에 갈 때 저희 앞에서 함부로 말하는 사람들이 많았어요. '시체팔이' 이런 말을 유가족분들이 온몸으로 받으시는 것을 더는 볼 수가 없었어요. 그래서 가족들 옆에 있어야겠다고 생각했던 것 같아요."

고명선 님은 2017년 4·16기억저장소에서 진행한 4·16민주시민교육원 1기 수료생이다. 강의를 통해 기록의 중요성을 깨달았고, 잘 알려지지 않은 세월호참사의 뒷이야기와 신대광 선생님이 들려주는 아이들의 이야기(중학교 제자들이 단원고로 입학했는데 그중 많은 아이들이 희생됐다)를 들었다.

마지막 강의는 '기억과 약속의 길' 걷기였다. 교육생들과 유가족들은 화랑유원지에 있는 합동분향소에 모여서 단원고를 거쳐 4·16기억전시관, 4·16기억교실까지 '기억과 약속의 길'을 걸었다. 분향소가 사라진 후에는 기억교실에서 시작하여, 단원고, 기억전시관, 4·16생명안전공원 부지인 화랑유원지를 지나서 다시 기억교실까지 걸었다. 1년에 두 번 진행되던 '기억과 약속의 길'은 지금 매월 셋째 주 토요일마다 열린다. 각 지역에서 온 사람들과 희생 학생의 부모님이 함께 걷는다. 참여자가 많을 때도 있지만 한 명이 오든 두 명이 오든, 비가 오거나 눈이 내려도 한 번도 빠지지 않고 노란 우산을 쓰고 '기억과 약속의 길'을 걸으며 희생된 아이들을 만나고 있다.

> "같이 들었던 수료생들이 '아, 이거 너무 의미 있다.
> 우리만 알고 있기에는 너무 아깝지 않을까? 조금
> 욕심을 내서 한 달에 한 번씩 그냥 걷자'고 했어요.
> 희생된 아이들을 한 명 한 명 알아가는 시간이었어
> 요. 그 과정에서 희생된 아이들의 엄마, 아빠의 이야
> 기를 들을 수 있었고, 곁을 지키는 시민들과 이야기
> 를 나누면서 용기가 났던 것 같아요. 다시는 이런 참
> 사가 일어나서는 안 된다. 4·16 이전과 다른 세상을
> 만들어야겠다."

고명선 님은 안산 지역단체 '함께크는여성울림'의 소모임 '별을 품은 사람들' 구성원들과 416 단원고 약전(《짧은, 그리고 영원한》, 416 단원고 약전 작가단 지음, 경기도 교육청 엮음, 굿플러스북, 2016)을 함께 읽었다. 416 단원고 약전은 세월호 희생 학생들(250명 중 231명)과 교사들(11명) 그리고 아르바이트 청년들(3명)의 간략한 전기를 엮은 책이다. 한 권을

4~5명이 나눠서 읽은 후 희생된 아이 한 명 한 명을 소개했다. 아이가 좋아했던 음악이나 책이 있다면 그것을 찾아보고 들려주기도 했다. 그날은 항상 손수건과 휴지를 가득 가져와서 같이 울면서 읽었다. 세월호 생존 학생과 형제자매의 이야기를 담은 《다시 봄이 올 거예요》(416세월호참사 작가기록단, 창비, 2016)와 세월호 유가족의 육성 기록을 담은 《그날이 우리의 창을 두드렸다》(416세월호참사 작가기록단, 창비, 2019)도 함께 읽었다. 지금은 재난 참사와 관련된 책들을 읽고 있다. 별이 된 아이들을 만나면서 피해자들의 곁을 지키는 것이 무엇인지 알았고, '기억과 약속의 길'을 걸으면서 연대의 힘을 키워나갔다. 고명선 님은 자주 4·16기억교실을 찾아가 별이 된 아이들의 기억 노트에 자기의 마음을 적는다. 안부를 묻기도 하고 생일 축하 메시지를 적고. 그렇게 아이와 친구도 맺고.

세월호참사 이후 주민들은 '소생길(소중한 생명의 길)'을 만들었다. 소생길은 단원고 담벼락이 시작되는 곳에서 끝나는 곳까지 이어져 있다. 아이들의 꿈을 그린 나무 액자가 '소생길' 담벼락 군데군데 걸려 있는 것이 인상적이다. 등교가 끝나면 학생들의 목소리가 교실 창을 넘어 골목으로 퍼진다. 학교 안에서는 모든 것이 안전할 것만 같다. 희생 학생들이 살았던 1400여 세대의 빌라 동은 모두 3~4층 높이다. 골목은 여러 갈래로 나눠지고 이어지기를 반복하면서 집들을 연결하고 있다. 4·16기억전시관을 찾

위   소생길 담벼락에 걸린 나무 액자 ⓒ변정윤

아래   노란 우산을 쓰고 '기억과 약속의 길'을 따라 걷는 시민들의 모습 ⓒ4·16재단

은 사람들도 동네가 무척 예쁘다고 말한다. 동네를 사이
에 두고 원고잔공원과 화랑유원지가 있다.

> "화랑유원지는 저도 아이들을 키우면서 돗자리 깔아
> 놓고 치킨 시켜 먹고 뛰어놀던 기억이 많아요. 안산
> 에 살고 있는 분들이라면 누구든지 다 오는 곳이죠.
> 유가족들도 그런 추억이 있는 거죠. 꽃 피면 모여서
> 사진 찍고, 인라인스케이트를 같이 타고, 자전거를
> 배우기도 하고요. 모두 요 근처에 살았으니까. 그냥
> 산책로이면서 뛰어놀던 곳이에요."

304개의 기억들이 별처럼 반짝이는 곳

2015년 4월, 이 골목에 4·16기억전시관(이하 기억전시관)이
문을 열었다. 기억전시관은 동네 상가 3층에 있고 그 건
물 2층에는 아이들이 자주 갔던 PC방이 있다. 지금은 간
판만 덩그러니 걸려 있다. 동네는 재개발을 예정하고 있
지만 몇 년이 걸릴지는 모른다. 기억전시관 로비에 들어
서면 원통으로 만든 기억함 304개가 한쪽 벽을 가득 메
우고 있다. 원통 뚜껑에는 교복 입은 아이들의 사진이 박
혀 있다. 방문객들은 아이들에게 남기고 싶은 메시지를
적어 원통에 넣을 수도 있다. 그 옆의 벽에는 김관홍 잠
수사와 아직 돌아오지 못한 희생 학생 두 명의 얼굴이 목
판에 그림으로 새겨져 있다.

　기억전시관 천장에는 304개의 기억등(燈)이 별처럼

위 　고잔동 골목길을 따라 걸으면 희생 학생들이 살았던 낮은 빌라들이 이어진다. 이 동네를 사이에 두고 원고잔공원과 화랑유원지가 있다. ⓒ4·16재단

아래 　고잔동 골목길 상가 2층에 4·16기억전시관이 있다. 그 옆에는 아이들이 자주 갔던 PC방이 있는데, 지금은 간판만 남아 있다. ⓒ4·16재단

반짝인다. 도예가들의 재능기부로 탄생한 기억등 안에는 희생자들의 사진이나 팝아트로 그린 얼굴, 그리고 명찰, 도장, 고무줄, 돈, 각종 액세서리 등 희생자들이 생전에 지니고 다녔던 소지품이 들어 있다. 기억전시관에는 학생, 시민들이 단체로 방문하기도 하고 단출하게 몇 명만 올 때도 있다. 잊지 않고 해마다 오시는 선생님들도 계시고, 4월이면 학생회장단, 직원들과 함께 찾아오는 교육감도 계신다.

4·16기억전시관은 2014년부터 현재까지 추모 주기에 맞춰 참사 프로젝트 전시를 정기적으로 진행하며 기획 전시도 병행하고 있다. '하늘로 간 수학여행' 동영상 제작, '세월호참사 거리사진전(서울광장 잊지 말아요 416)' '세월호 추모 특별기획전: 100일의 기억' 외 많은 전시가 여기서 진행됐다.

그중 '기억시(詩) 낭송제'는 2016년 9월부터 2017년 4월까지 매주 금요일마다 진행되었다. 부모, 친구, 형제자매를 비롯해 작가, 시인, 활동가들이 금요일마다 돌아가면서 낭송했다. 기억시는 416 단원고 약전을 토대로 '교육문예창작회' 소속 교사들이 단원고 희생 학생 한 명 한 명을 기리는 내용을 시로 담은 것이다. 이후 국회를 시작으로 경기, 충남, 충북, 세종, 강원, 광주, 부산 교육청을 돌며 '기억시 전국 순회 전시회'도 열었다. 기억시에는 희생 학생들이 생전에 바라고 희망했던 꿈이 담겨 있다.

그리고 여기 또 다른 기억공간이 존재한다. 단원고

골목 곳곳에 아이들의 기억이 있다

위   4·16기억전시관 로비에 위치한 기억함(지관함). 뚜껑에는 아이들의 사진이 붙어 있다. ⓒ안미선

아래   4·16기억전시관 천장에 걸린 304개의 기억등 ⓒ안미선

51

운동장을 지나 작은 언덕 위에 올라서면 보이는 세월호 참사 추모 조형물 '노란 고래의 꿈'이 그것이다. 단원고 희생자 261명을 등에 지고 수면 위로 승천하는 노란 고래를 형상화했다. 햇볕을 양껏 받아 겨울을 제외하고 항상 꽃이 피는 언덕. '노란 고래의 꿈' 앞에 희생 학생들과 선생님들의 이름이 적힌 명단석이 있다. 명단석 앞에서 선생님은 아이들의 이름을 부르고, 아이들은 고래 등에 앉아 손을 흔들지 않았을까. 못다 한 수학여행의 아쉬움도 달래지 않았을까 상상해 보았다. 교실 존치가 물거품이 된 후 학교에서 아이들을 느낄 수 있는 곳은 '노란 고래의 꿈' 조형물이 유일하다. 추모는 형상을 통해 잊지 않고 기억된다. 이 조형물이 학교 선후배를 이어주는 희망의 끈이 되기를 바라본다.

반복되는 참사에 정부는 없었다

"아이들이 학교 일정의 하나인 수학여행을 갔잖아요. 배가 선수만 남기고 가라앉는 그 첫날의 기억이 또렷해요. 그냥 괜찮겠지 하면서 넘어갔던 부분들이 수없이 있잖아요. 수직적인 구조 속에서 아이들이 희생될 수밖에 없었다는 그런 마음도 처음엔 있었어요. 그러니까 우리가 잘못 살았구나."

'가만있으라'는 선내 방송과 곧 구조될 거라는 선생님의 설명에 아이들은 구조를 기다렸다. 움직이면 배가 더 위

위   단원고 운동장을 지나 작은 언덕에 올라서면 보이는 세월호참사 추모 조형물
'노란 고래의 꿈' ©안미선

아래   언덕 아래로 단원고 운동장이 보인다. 수업을 마친 아이들이 뛰어놀고 있다.
©4·16재단

험해진다는 소리에 아이들은 자신의 행동이 전체를 위험에 빠트릴까 봐 어른들의 말에 따랐다. 아이들이 최선을 다하는 동안 정부는 아무것도 하지 않았다. 정부의 무능만 문제였을까? 먹먹했던 그날의 고통과 아픔이 시간이 지나며 무관심으로 바뀌진 않았는지 스스로를 돌아보고 성찰해야 한다. 숨겨진 진실, 책임지지 않는 정부, 정의롭지 못한 사회는 세월호참사 10주기를 앞두고도 그대로다. 우리가 세월호를 떠날 수 없는 까닭이다.

> "누군가 저에게 '그렇게 똑같은 길을 계속 걷는데 그걸 하는 남다른 이유가 있을 것 같아요'라고 물어요. 특별한 의미가 있다기보다 나만의 애도 과정이에요. 한순간에 사람이 사라져 버렸잖아요. 근데 이유를 모르잖아요. 배가 가라앉는데 구조도 안 하고, 팽목에서도 정말 아무것도 안 한 걸 부모님들이 모두 봤잖아요. 완전 쇼였다고. 내 아이인지 아닌지 확인하기 위해서 한 명 한 명을 다 살펴봐야 하는 거죠. 아이를 찾으러 계속 다녀야 하는 거예요. 그때는 아이들을 어떻게 구분할 수도 없었잖아요. 일단 나오면 다 달려가는 거예요."

수많은 참사의 경험에서도 정부는 체계적인 재난 대응 매뉴얼을 갖추지 않았다. 정부가 해야 할 역할을 참사 유가족들이 하고 있는 참담한 현실이었다.

"가족분들이 유류품을 보관하려고 직접 뛰어다니면
서 방법을 배우고 탈염, 탈색을 다 하셨어요. 집에
서 펄을 다 제거하신 분들도 있고요. 내 아이를 보내
는 것만으로도 슬프고 시간이 필요한데, 기록을 남
기고 보관하는 것이 진상규명을 위해서 중요하다는
걸 아신 거예요. 처음에는 어렵고 힘들었지만 배워가
면서 전문가가 되셨어요. 어머니들 보면 밝아 보이지
만 건강이 안 좋아요. 노숙하면서 한데 잠자고 고생
을 많이 하셨잖아요. 너무 우셔서 그때 시력이 망가
진 분도 계시고 이가 다 무너져 내린 분도 계세요."

지금 왔다는 사실이 가장 중요해요

우리는 언제쯤 세월호참사 희생자들을 잘 보내드릴 수
있을까. 잘 보낸다는 것은 어떤 의미이며, 어떻게 이룰 수
있을지는 우리가 찾아야 할 해답이다. 그렇다면 잘 보내
드리기 위해 추모 공간은 어떤 의미를 가지며 어떤 역할
을 해나가야 할까.

"기억교실에 오신 분들이 '미안하다. 미안하다. 늦게
와서 미안하다. 그렇지만 한 번도 잊은 적이 없다.'
이런 글을 많이 남겨요. 그런 분들에게 저는 지금 왔
다는 사실이 가장 중요하다고 말해요. 잊지 않았다
는 마음을 행동으로 보여주신 거라고. 늦게 와서 미
안하다고 하지 마시고 또 오시라고 해요."

강변북로 옆에는 성수대교 참사 희생자 위령비가 있고, 시민의숲에는 삼풍백화점 참사 희생자 추모비가 있다. 두 곳 모두 사람들의 발길이 닿지 않는 곳이다. 추모비는 사람이 찾는 곳에 있어야 하며, 희생자들의 삶과 꿈을 담아내야 한다. 그래야 제대로 추모하고 기억할 수 있다. 지난 참사는 국민 모두에게 잊혔다. 참사가 되풀이되는 이유 중 하나이기도 하다.

요즘 고명선 님은 몇몇 분들과 함께 아이들의 유류품 목록을 정리하는 작업을 하고 있다. 유류품을 정리하다 보면 뭐라고 설명하기 어려운 감정이 든다. '다시 컴퓨터 게임 하지 않을게요'라고 휘갈겨 쓴 메모지가 아이 흔적의 전부인 경우도 있다. 아이의 유일한 흔적을 부모님은 소중히 간직하고 계신다. 물품을 분류하고 기록하면서 아이들이 꿈꾸었던 미래를 보게 되고 무엇을 소중하게 여겼는지도 읽게 된다. 생명안전공원에 보관될 물건과 전시될 물건들이다. 고명선 님은 희생자와 피해자, 생존자들과 연대하면서도 세월호참사와 관련된 많은 이의 안부를 걱정하고 있었다.

"근데 기억해야 할 분들이 정말 많더라고요. 아이들, 가족분들, 형제자매들…. 잠수사분들과 어민들이 하신 역할도 너무 컸어요. 그렇게 몸과 마음을 다했는데 국가는 너희가 알아서 해결하라는 식이었잖아요. 몸이 다 망가지시고 정말 다른 걸 하실 수 없는 상

황까지 갔는데…. 그리고 많은 생존자분들과 그 친
구분들이 또 힘든 시간을 보내고 계시지 않을까 싶
어요."

공감과 연대로 밝히는 희망

사회적 참사는 공동체 구성원 모두의 비극이다. 우리는
공동의 비극을 개인이 짊어지는 부끄러운 사회를 살아
가고 있다. 그 속에서도 공감하고 연대하며 함께한 이들
이 만들어낸 추모의 공간들. 공간은 우리가 살아가는 삶
의 모습을 반영한다. 4·16기억저장소와 4·16기억교실,
4·16기억전시관, 단원고 추모 조형물(노란 고래의 꿈), 건축
예정인 4·16생명안전공원은 시민에게 열려 있는 공간으
로서 서로를 연결하고 이야기를 잇는 거점이 될 것이다.

안전한 사회를 위한 약속에는 나와 사랑하는 내 가
족의 안전도 포함되어 있다. 결국 우리는 모두 연결되어
있다. 참사를 공간화하고 형상화하는 것은 희생된 아이
들의 비극과 고통 속으로 들어가 그들의 아픔에 공감함
으로써 공동체의 안전한 미래를 약속한다는 의미이다.

"가장 큰 건 연대의 힘인 것 같아요. 나는 울고만 있
었지만 글로, 음악으로, 그림으로 연대를 보내준 사
람들이 있었고 수많은 자원봉사자들과 팽목에서 마
음을 모은 다양한 종교인들, 교사들, 주민들이 나름
대로 문제를 같이 해결하려 했던 모습을 참사를 통

해서 보게 되었던 것 같고요. 근본적인 문제가 해결되지는 않았지만 서로 도우려고 하고, 기꺼이 마음을 내주려고 하고, 또 달려가려고 하고, 달려가지 못하더라도 어떤 식으로든 함께하려고 하고, 이런 것들은 계속 이어져 나가는 것 같아요."

피해자들을 버티게 한 것은 희망이었다. 그 희망이 한 시간을, 하루를, 일주일을, 그리고 한 달, 1년, 10년을 버티게 했다. 힘들 때는 눈앞에 닥친 역경 너머가 보이지 않는다. 하지만 언제나 그랬듯 공감과 연대의 힘은 희망의 가능성을 확장시킨다. 피해자들은 암울하고 힘든 시기에도 기억공간을 만들면서 위대한 승리의 돌파구를 마련해 나갔다. 연대하고 기억하는 이들과 함께 만들어낸 결과다. 희생자, 생존자, 피해자들은 동시대를 살아가는 우리를 대신해 십자가를 짊어진 예수와 같다. 생명안전사회 구축은 어떤 가치와도 맞바꿀 수 없는 사회의 상위개념으로 존재해야 한다. 고명선 님의 간절한 바람대로 세월호참사 10주기를 맞아 바다에 묻힌 진실이 건져 올려지고 안전한 사회로 가는 기틀이 마련되길 소망한다.

'기억과 약속의 길'을 찾은 시민들을 안내하는 고명선 님 ⓒ4·16재단

늦은 출항,
45명의
탑승객을
마저 태우고

세월호 일반인 희생자 추모관, 양성일

글 / 변정정희

모든 배는 출발지를 떠나 목적지로 간다. 바다 위를 항해할 때 가장 중요한 것은 정해진 항로를 따라 안전하게 목적지에 도착하는 일이다. 하지만 어떤 배는 아직 부두를 떠나지도 못했다. 출발지에 멈춰 있는 것이다. 과연 이 배는 항해를 잘 마칠 수 있을까?

노란 리본 같은 은행잎이 가득했던 10월, 인천가족공원 내 위치한 '세월호 일반인 희생자 추모관'에 갔다. 인천가족공원은 인천시설공단에서 운영하는 묘역이자 추모 시설로, 인천지하철 부평삼거리역 인근에 있다.

　　그동안 서울 세월호 기억공간 '기억과 빛'은 물론 안산 4·16기억교실, 4·16기억전시관, 아직 완공되지 않은 4·16생명안전공원 부지까지 가보았지만, 인천에는 가보지 못했다. 이곳에 일반인 희생자 기억공간이 있을 것이라고 생각하지 못했기 때문이다. 아니, 정확히 말하면 일반인 희생자의 존재 자체를 잊고 있었다.

'희생자'의 이름을 되찾는 과정

세월호 일반인 희생자 추모관(이하 일반인 추모관)은 2016년 4월 16일에 개관했다. 참사가 일어난 지 2년밖에 되지 않은 빠른 시기에 문을 열었고, 7년이라는 긴 시간이 지나도록 자리를 지키고 있는 세월호 기억공간이다.

　　일반인 추모관은 하늘에서 보면 리본 두 개가 맞닿아 있는 모습을 하고 있다. 한쪽 리본 공간에는 당시 인천가족공원 봉안당에 임시 안치되었던 20명의 일반인 희생자와 경기 안산, 광명 등에 개별적으로 흩어져 있던 나머지 일반인 희생자의 유해와 영정이 모셔져 있다. 다른 한쪽 리본 공간에는 참사 당시 현장의 모습을 담은 동영상과 사고 해역에서 수거한 희생자의 유품, 세월호를 축소한 배 모형과 노란 리본이 전시되어 있다. 희생자를 뵙기 전 노란 리본에 추모 메시지를 적어 달고, 합동 헌화대에서 묵념한 후 건물 안으로 들어섰다.

이곳에는 자전거 동호회, 인천용유초등학교 동창생, 승무원, 선사 아르바이트 노동자, 제주 이주 가족, 제주 출발 직장인, 제주 여행객을 비롯한 42명의 일반인 희생자(1명은 개인 사정으로 제외)와 세월호 구조 작업 중 사망한 민간 잠수사 2명을 합해 총 44명의 일반인 희생자가 모셔져 있다. 추모관을 안내해 준 직원 서미랑 님은 '일반인'이라는 이름 아래 숨어 있는 희생자 한 분 한 분을 놓치지 않으려 애를 쓰며 소개했다.

자전거 동호회원들은 건강하고 즐거운 노년을 꾸려가고자 자전거를 타고 전국 일주를 하시던 우리 부모님들이었다. 인천용유초등학교 동창생들은 긴 시간 우정을 돈독히 쌓아 환갑 여행을 함께 떠난 친구들이었다. 승무원과 선사 아르바이트 노동자들은 당시 단원고 학생들과 몇 살 차이 안 나는 20대였지만, 자신이 입고 있던 구명조끼를 벗어주고 끝까지 선내에 남아 구조를 돕던 늠름한 청춘들이었다. 어렵게 모은 돈으로 제주에 집과 감귤

위   인천가족공원 내 위치한 세월호 일반인 희생자 추모관 ©변정정희

아래   세월호 일반인 희생자 추모관 내부 합동 헌화대 ©변정정희

농장을 마련해 이사하던 가족, 제주로 출발하는 직장인과 제주 여행 생각에 설레던 여행객은 우리와 다를 바 없는 이웃들이었다. 여기에는 베트남에서 온 이주민과 귀화 시험 합격을 앞둔 재중동포도 있었다. 게다가 민간 잠수사 이광욱, 이민섭 님은 참사 이후에 스스로 바다로 들어가 실종자 수색 작업을 하다 목숨을 잃은 의인들이었다.

그동안 우리는 이들을 '일반인' 희생자라 뭉뚱그려 부르며 잊고 있던 게 아닐까? 성별도, 나이도, 국적도, 직업과 사연도 모두 다른 이들을 묶는 이 '일반인'이란 무엇일까. 표준국어대사전에 따르면 '1. 특별한 지위나 신분을 갖지 아니하는 보통의 사람, 2. 어떤 일에 특별한 관계가 없는 사람'이다. 이들은 '일반인'이라는 단어에 갇혀 세월호 희생자임에도 희생자의 지위를 갖지 아니한 것처럼, 참사와 관계없는 사람처럼 잊혀 있었다.

건물 바깥으로 나가니 화강암으로 제작된 6.5미터 높이의 추모탑이 우뚝 서 있었다. 정면에는 탑비명과 세월호참사에 대한 유가족들의 진심 어린 마음을 대신해 소설가 이외수가 친필로 쓴 글이 새겨져 있었다. 그리고 그 아래 절대 잊어서는 안 될 세월호 일반인 희생자들의 이름이 오롯이 남아 가을 햇살에 따뜻하게 빛나고 있었다.

비교적 일찍 일반인 추모관이 건립되었지만, 그것은 항해 전 배를 만드는 일과 같았다. 아무것도 해결되지 않았다. 건립 당시인 2016년은 세월호참사 특별조사위원회 청문

세월호 일반인 희생자 추모관 바깥에 놓인, 6.5미터 높이의 추모탑. 아래에는 소설가 이외수가 친필로 쓴 글이 새겨져 있다. ©변정희

회조차 끝나지 않은 시기였고, 세월호가 아직 물속에 잠겨 있으니 선체 조사도 시작하지 못한 때였다. 일반인 추모관 건립 후 2년이 지난 2018년이 되어서야 겨우 일반인 희생자 영결식과 4주기 추모식을 시작할 수 있었다. 이후 사회적참사 특별조사위원회 조사가 개시되었고 5주기 추모식이 열렸지만, 일반인 희생자들은 인천 묘역에서 고립감을 느끼며 외롭게 떨어져 있었다. 그래도 일반인 유가족들은 매년 추모식을 열고, 세월호 선체를 방문하고, 안전 포스터 공모전을 개최하고, 노란 바람개비 언덕을 조성하며 꿋꿋하게 멈춘 기억을 보존하고자 애썼다.

그러던 2022년 초, 세월호참사 8주기를 앞두고 인천 시민사회단체들은 안산이 아닌 같은 지역에 일반인 추모관이 있다는 것을 알고 손을 내밀기 시작했다. 빠르게 '세월호참사 8주기 인천추모위원회'를 결성했고, 인천시청 앞에서 기자회견을 열어 '기억과 약속' 주간을 선포했다. 이후 매년 '함께하는 추모문화제'를 열고, 인천의 여러 지역에 '기억의 노랑드레 언덕'('드레'는 순우리말로 '들', 혹은 사람의 가치와 품격을 의미한다. 참사를 기억하며 인간의 존엄한 가치가 존중되는 사회를 만들고자 하는 다짐이 담긴 이름이다)을 만들고 있다. 9주기 때는 인천시청부터 일반인 추모관까지 4.16킬로미터를 행진하는 '시민 함께 걷기'를 진행했다. 연대는 좀 더 넓은 지역까지 뻗어나갔다. 인천 시민들은 일반인 추모관의 도움으로 목포신항만의 세월호 선체를 방문했고, 추모관에서 제주 생존자 작품 전시회를 열기도 했다.

늦은 출발이다. 하지만 다소 늦더라도 가만히 정박해 있기보다는 목적지를 향해 천천히 안전하게 나아가는 게 중요할 것이다. 그 항해를 함께하기 위해 2년째 인천 추모위원회에서 활동하며 일반인 추모관과 연대하고 있는 천주교인천교구 정의평화위원회 위원장 양성일 신부의 이야기를 들어보았다.

너무 늦게 손 내밀어 미안한 마음

천주교인천교구 정의평화위원회(이하 인천 정평위)는 인천 지역 내에서 발생하는 인권침해를 방지하고 정의, 평화를 위해 노력하고 있는 기구이다. 1980년대에는 광주 항쟁 희생자들과 연대했고 이후 환경, 노동 등 다양한 분야에서 억압받고 소외당하는 이들과 손잡아 왔다. 이런 인천 정평위가 세월호참사 유가족들을 위로하고 이들과 함께한 것은 당연한 흐름이었다.

인천 정평위는 참사 초기 빠르게 희생자들을 위한 위령미사를 열었고, 곧이어 진상규명과 특별법 제정을 촉구하는 시국미사를 개최했다. 참사 1주기 때는 세월호 유가족들이 진상규명을 외치며 단식할 때 힘을 모으기 위해 함께 단식했고, 천주교인천교구 관할지역 내 성당을 돌며 참사를 알리는 본당순회미사를 진행했다. 그리고 이후 매년 4월이면 세월호 유가족을 초대해 추모미사를 열고 있다.

활발하고 적극적이었지만 최근까지 이 활동들에 일

반인 희생자들은 빠져 있었다. 2018년 인천 정평위 위원장이 된 양성일 신부는 기존 세월호 연대 활동을 이어가던 중, 일반인 추모관이 있다는 것을 2022년 처음 알게 되었고, 그때부터 일반인 유가족과 함께하기 시작했다.

"세월호 하면 제일 먼저 떠오르는 게 학생들이거든요. 저희는 우선 안산을 찾아갔죠. 기억저장소에 갔다가 마침 기억교실이 만들어지고 옮겼다 개관하는 과정을 다 보게 됐어요. 주로 기억저장소 어머니들과 연대했죠. 그러다 인천 지역에서 세월호참사 추모 인천 추진위원회를 정비하면서, 세월호 관련 활동을 하고 있는 저희를 적극적으로 초대해 주셨어요. 그때 일반인 유가족들과 처음 만나게 되었어요. 사실 지역 사회에 일반인 추모관에 대해 알려진 게 거의 없는 상태였습니다."

왜 인천에 일반인 희생자를 위한 기억공간이 있다는 것을 몰랐을까? 세월호참사가 일어나고 많은 시민은 단원고의 어린 생명들이 삶을 마저 끝내지 못하고 사라졌다는 것에 큰 충격을 받았다. 당연히 대다수 관심은 그쪽으로 쏠렸다. 정치권과 언론 역시 사람들의 관심이 모인 곳만 찾았다. 그렇게 안산에 기억공간이 여럿 생기고 다수의 시민사회단체들이 단원고 유가족과 연대할 때, 일반인 희생자들은 무관심 속에서 점점 희미해지고 있었다.

"저희도 '희생자'라고 표현하지 않고, '학생들'이나 '어린 영혼들'이라고 표현했거든요. 전에 의식이 없었는데 이제 알게 된 거죠. 지금도 일반인 유가족에 대해 알리면 다 깜짝 놀라요. 지역에 추모관이 있냐고 되물어요. 저희는 너무 안타깝습니다."

미안한 마음으로 뒤늦게 일반인 추모관을 찾아갔지만, 유가족들은 이미 사회에 두 번 상처 입은 상태였고, 함께 활동하기에 어려움이 많았다. 초창기 일반인 유가족들은 일부러 시민사회단체를 멀리했다고 한다. 정치에 휘말려 이용당하고 싶지 않았던 것이다. 모든 단체가 그러진 않았으나 고립된 상태에서 몇 번 상처를 받고 나니 거부감이 생길 수밖에 없었다.

"처음에 인터뷰하러 추모관에 갔는데, 단원고 유가족을 만났을 때와 너무 달랐어요. 낯설었죠. 그동안 얼마나 힘드셨을까 걱정되더라고요. 그래도 지금은 저희에 대한 마음이 달라지셨어요. 활동을 같이 해보니까 진심으로 함께한다는 것을 느끼신 거 같아요."

2022년 2월, '세월호참사 8주기 인천준비위 구성을 위한 간담회'가 열렸다. 인천 지역 시민사회단체와 일반인 추모관 운영위원들이 함께 모였고, 빠르게 '세월호참사 8주기 인천추모위원회'가 결성되었다. 인천 정평위는 위원회 활동을 함께 하면서도 따로 일반인 추모관을 찾아 일반인 희생자와 유가족을 인터뷰하고, 추모관에 대한 이야기를 인천 정평위 소식지(《정의평화》 157호)에 실어 널리 알렸다. 이어 4월 6일 천주교인천교구 사회사목센터에서 8주기 추모미사를 진행하며, 일반인 희생자 유가족 김영주 님을 초대해 '기억토크' 시간을 가졌다.

> "아직도 세월호참사를 잊지 않고 기억해 주시고, 초대해 주셔서 감사합니다. 세월호참사가 일어나고 8년이라는 시간 동안 저희 유가족들은 다시는 이런 참사가 일어나지 않기를 바랐습니다. 참사의 진상을 규명하고, 맡은 임무를 다하지 못한 책임자를 처벌하고, 참사를 예방할 방법을 강구하고, 혹시나 생길 참사의 매뉴얼이 필요하다고 외쳐왔습니다. … 요즘 추모관에서 영정 속 어머님을 뵈면 '수고한다, 수고한다, 더 힘내라'고 응원하시듯 말씀해 주십니다. 먼 훗날 어머님이 웃으시면서 '수고한다'가 아닌 '우리 아들 수고했다'라고 말씀해 주시는 날까지 열심히 활동하려 합니다. 세월호참사의 진상이 규명되고, 대한민국에서 참사가 다시 없는 그날까지 많은 관심과 응원 부탁드립니다."(일반인 유가족 김영주 님 '기억토크' 중)

이후 인천 정평위는 일반인 유가족들의 도움을 받아 같은 해 6월 20일 '기억행동'의 일환으로 목포신항만 세월

70

세월호참사 8주기 추모미사 중 일반인 유가족 김영주 님과 신부 양성일 님이
'기억토크'를 나누고 있다. ⓒ천주교인천교구 정의평화위원회

호 선체를 방문했다. 인천교구 신자들은 선체 외부와 내부를 직접 살펴보며 설명을 듣고 선체 앞에서 죽은 영혼들을 위로하는 위령미사를 드렸다. 9주기 때도 선체 방문은 이어져 인천가톨릭대학교 신학생들과 함께 목포에 다녀왔다(2023년 7월, 해양수산부는 세월호 선체 내부 참관을 전면 금지하였다). 글이나 사진으로 접하는 것과 직접 현장에 가서 보고 경험하고 느끼는 것은 다르기 때문이다. 그래서 인천 정평위는 신학생 사회 교리 체험이나 전국 사무국장단 모임과 같은 인천교구 내 행사가 있을 때마다 일반인 추모관으로 안내하기 위해 애쓰고 있다.

더 많은 기억을 모을 수 있다면

그런데 현재 일반인 추모관은 기억공간으로서 아쉬운 점이 많다. 유가족들의 강력한 요청으로 국가에서 최초로 지어준 건물 형태의 재난기억공간이지만, 참사 초기 급하게 지어진 그 모습 그대로 아직 변한 게 없기 때문이다. 시민들이 힘을 모아 오랜 시간에 걸쳐 쌓아온 서울과 안산의 기억공간에 비하면 역사와 이야기, 그것을 담을 기억 물품과 공간이 부족하고, 그에 따라 전해지는 공감의 온도도 현저히 다르다.

"보통 안산 기억교실을 가면, 출발하기 전 모여서 한 시간 정도 같이 416 단원고 약전(세월호참사로 별이 된 단원고 학생들의 간략한 전기를 엮은 12권의 책)을 읽어요. 전

집인데 다 못 읽으니, 그중에 각자 한 반 것을 꺼내서 한 명 것만 읽고 가요. 그렇게 가면 달라요. 그 학생 책상에 가면 어떤 이의 꿈이 하나도 실현되지 못한 채 사장된 느낌을 생생하게 받아요. 그 느낌이 살아 있단 말이에요. 그런데 일반인 추모관을 그렇게 가기에는 너무 기록이 없죠. 양이 적어서 기억교실과 확실히 차이가 나거든요. 일반인 추모관도 이야기가 있어야 하는데 건물뿐이라서 저희도 참 어려워요. 앞으로 일반인 추모관을 어떻게 알려나가야 할지가 과제입니다."

10년이 다 되도록 추모 공원조차 만들어지지 않은 안산은 기억저장소를 열고 기억교실을 옮기는 동안 많은 어려움이 있었고, 함께 싸우고자 모인 시민들이 있었다. 그리고 그 과정들이 기록되어 안산의 이야기는 더 풍성한 우리 모두의 이야기가 되었다. 반면 인천은 빠르게 기억공간을 만들었지만 아직 그 자리에 멈춰 있다. 오히려 그렇기에 지금부터 시민들과 함께 쌓아 올릴 시간들이 더 큰 이야기를 만들 수 있지 않을까?

2023년 초 세월호참사 9주기 인천추모위원회 기획단은 지역에 재난 기억 순례길을 만들기 위해 함께 모여 시내를 반나절 걸었다. 인천은 세월호가 출발한 연안부두가 위치한 곳이기도 하지만 그에 앞서 인현동 화재 참사(1999년 10월 30일 중구 인현동 상가에서 발생한 화재로 56명이 사망했고 78명이 부상을 입었으며, 대다수가 학생이었다)가 일어난 지역이기도 하다. 이는 계속되는 사회적 참사 앞에서 인천의 재난 지역을 기억 순례길로 이어 기억을 보존하고 안전 의식을 세우고자 한 행보였다. 아쉽게도 연안부두에는 러일전쟁 전사자 추모비는 있어도 세월호에 관련해서는 작은 흔적조차 없었고, 순례길은 중간에 위험한 차도가 많아 결국 끝까지 기획되지 못했다. 하지만 안전한 지역, 안전한 사회를 만들기 위한 인천 시민사회단체들의 마음만은 현재진행형이다.

"이제 일반인 추모관만의 사업이 아니라 인천 지역 전체가 같이 참여하는 사업으로 안정화된 것 같아요. 그동안 일반인 유가족들만 어렵게 헤쳐가는 상황이었잖아요. 그런 추모관이 고맙게도 우리를 모이게 하는 구심이 되고 있어요. 보통 단체들이 주제별, 친분별로 몇 개 블록으로 나뉘게 되는데, 세월호는 그렇지 않아요. 인천 지역 시민사회단체가 함께 모여요. 세월호참사는 우리가 책임져야겠다는 마음이죠. 그래서 다들 애쓰고 노력하고 다시 정비하며 함께 가고 있어요."

커다란 폭발은 늘 작은 성냥불에서 시작한다

인천 정평위는 당장 어려운 사람을 돕는 일도 중요하게 여기지만, 그보다 구조적인 정의와 평화를 마련하기 위해

74

움직이는 단체이다. 이는 세월호와 같은 참사가 다시 일어나지 않도록 우리나라를 생명안전사회로 만들겠다는 뜻이다. 이것이 바로 이 배가 향하는 목적지일 것이다.

"민주시민의식을 끌어내고 싶은 욕심이 있죠. '아픔을 기억해 주세요'를 넘어서 국가적인 재난 사태 앞에서 우리가 민주시민으로서 어떤 시선을 갖고 어떻게 활동해야 하는지 의식을 만들어가야죠. 낮은 단계부터 시작해 각 단체의 활동이 연결되면 좋겠다고 생각해요. 저희가 엄청난 힘을 가져서 빅뱅과 같은 이벤트를 일으키긴 어렵겠지만 성냥불 정도는 더해야겠죠."

그 어떤 커다란 폭발도 작은 성냥불부터 시작한다. 성냥불이 켜지고, 땔감이 모이면 어느새 작은 불은 활활 타오르는 큰 횃불이 되어 있을 것이다. 짧은 시간으로 보면 변한 게 없어 보일지 모르나, 우리는 보다 긴 시간을 내다봐야 한다.

2024년 4월 16일, 세월호참사는 10주기를 앞두고 있다. 우리는 기억하고 애도하고 추모할 것이다. 그리고 그 희생자들 중에 일반인 희생자가 있었다는 것을, 일반인 추모관에서 그들을 만날 수 있다는 사실을 잊지 않으면 좋겠다. 인천 시민이라면, 혹은 인천에 방문할 일이 있다면, 아니 일반인 유가족들의 손을 맞잡고 싶다면 지금이라도 세월호 일반인 희생자 추모관으로 향하면 어떨까?

우리가 함께한다면 지난 10년 가까이 정박해 있던 이 배가 드디어 생명안전사회를 향해 출발할 수 있을 것이다.

잊지 않기 위해 다시 한번 일반인 희생자들의 이름을 부르며, 항해를 시작해 보자.

구춘미 권재근 권혁규 김기웅 김문익 김순금 김연혁 이상호(리샹하오) 문인자 박성미 박지영 방현수 백평권 서규석 서순자 신경순 심숙자 안현영 양대홍 우점달 윤춘연 이광욱 이광진 이도남 이묘희 이민섭 이세영 이영숙 이은창 이제창 이현우 인옥자 전종현 정명숙 정원재 정중훈 정현선 조지훈 조충환 지혜진 최순복 최승호 최창복 한금희 한윤지(판옹옥타인)

일반인 추모관 앞에는 세월호참사를 기억하는 사람들이 남기고 간 노란 리본 메시지들이 걸려 있다. ©변정정희

하루에
하루를
보태며
지켜낸 교실

단원고 4·16기억교실, 이은화

글 / 용우

"저희가 기억교실을 '공간기록'으로 유네스코 세계기
록유산에 등재하려고 하는데요. 이 낙서 같은 글씨
들을 기록이라고 어필할 수 있지 않을까 해서요."

이은화 님이 책상 위에 적힌 낙서를 가리키며 말했다. '단
원고 4·16기억교실'에서 사람들에게 보여주고 싶은 것이
있냐고 묻자 돌아온 대답이었다. 단원고 4·16기억교실
(이하 기억교실)은 세월호참사로 희생된 단원고 학생과 교사
261명을 기리기 위한 기념관이다. 세월호참사 당시의 단
원고 2학년 교실과 교무실을 그대로 복원했다.

공간기록이라니? 기록이라고 하면 으레 글, 사진, 그
림, 책, 영상 따위를 떠올리기 마련이다. 그런데 '공간'이
기록이 될 수 있다는 말인가. 그가 기억교실이라는 공간을
세계기록유산에 등재하려고 애쓰는 이유는 무엇일까.

소시민이었던 기록 전문가

이은화 님은 1992년부터 총무처 정부기록보존소에서 기
록관리 업무를 시작했다. 당시 그가 처음 다룬 영구 보존
문서들은 전산화하지 않은 종이 문서였다. 그 뒤 대학교
박물관, 기업 등을 넘나들며 일했다. 기록관리 전문가로
서 20년 넘게 경력을 쌓아갔다.

2014년 4월, 세월호의 침몰을 지켜본 이들이 너나없
이 참사 현장으로 달려갔다. 한 달도 지나지 않았을 무
렵, 진도체육관에 참사 현장을 기록하는 자원봉사자들의

부스가 꾸려졌다. 기록학 전공 교수와 학생들도 이곳과 팽목항을 오가며 현장을 기록했다. 이은화 님 역시 기록 봉사활동을 함께 하자는 단체 문자 메시지를 받았다. 그 때 함께 하지는 못했다.

"제가 나이가 있다 보니 젊은 학부생과 대학원생들이 많이 갈 거라 생각했어요. 어찌 보면 회피한 셈이죠. 저는 진짜 소시민이었거든요."

그로부터 석 달 뒤, 전국 각지에서 세월호참사를 기록하던 단체들이 뜻을 모아 '4·16기억저장소'(이하 기억저장소)를 세웠다. 그 뒤 기억저장소는 참사를 알리고 기록하는 활동을 전방위로 펼쳐나갔다.

사고 당일부터 '단원고 2학년 교실'에 응원과 추모의 발길이 이어졌다. 손님들이 남긴 메모, 국내외 각지에서 보내온 선물과 편지들이 교실에 쌓여갔다. 그렇게 반 년도 지나지 않았다. 일부 재학생 부모들이 2학년 교실을 비워달라며 나섰다. 유가족들은 단원고에 그대로 둬야 한다고 맞섰다. 희생자들을 기리고 안전사회를 교육하는 장소로 쓰겠다는 이유였다. 경기도교육청(이하 교육청)이 중재에 나섰지만, 갈등은 커져만 갔다. 교육청은 돌연 중재안을 발표한다. '4·16민주시민교육원'(이하 민주시민교육원)을 새로 짓고 그곳에 기억교실을 복원하겠다고 했다.

기억저장소는 유가족들과 기억교실 존치 투쟁에 뛰

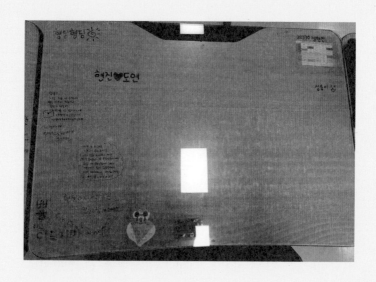

'단원고 4·16기억교실' 책상 위의 낙서. 이은화 님은 이 '낙서들'을 기억교실의 '유네스코 세계기록유산' 등재에 활용할 방안을 고민하고 있다. ©용우

어들었다. '416교실 지키기 시민모임'을 조직했다. 교육청 앞 피케팅, 서명운동, 기자회견을 이어 갔다. 그런데도 재학생에게 교실을 돌려달라는 목소리는 더욱 커져만 갔다. 유가족들은 교육청의 제안을 받아들일 수밖에 없었다. 2016년 8월 20일, '4·16기억교실 이전식'이 열렸다. 2학년 교실의 책걸상과 물품들을 옮겨야 했다.

옮겨간 기억 물품들은 방치되었다. 이삿짐 포장도 뜯지 않고 안산교육지원청 별관에 쌓아두었다. 기억저장소 가족운영위원 엄마들은 차마 두고 볼 수 없었다. 책걸상과 물품을 닦고 전시물을 만들며 그곳을 다시 꾸몄다. 교육청과 싸워가며 필요한 예산도 얻어냈다. 그렇게 석달을 준비하고 기억교실을 다시 열었다. '단원고 4·16기억교실'로 공식 명칭까지 바꾸었다.

그해 연말, 이은화 님은 지인에게 전화를 받았다. 기억저장소의 운영위원으로 있던 대학원 교수였다. 기억저장소에 와서 일해달라고 간곡하게 부탁했다. 새해부터 참여하기로 한 프로젝트가 있어서 처음엔 고사했다. 그러나 절박한 호소와 강권에 못 이겨 제안을 받아들였다.

2017년, 세밑이 지나자마자 기억저장소에 기록팀장으로 입사했다. 그는 동료들이 진도에서 기록 활동에 나설 때 동참하지 않았다. 게다가 세월호참사 진상규명 서명 용지에 서명조차 해 본 적이 없었다. 기억저장소에서 일하며 그런 기억들이 모두 아킬레스건처럼 느껴졌다. 입사하고는 온갖 느낌이 뒤엉키는 시간을 보냈다.

'단원고 4·16기억교실'의 어느 교실 모습.
2014년 당시에 단원고 희생자들이 썼던
교실을 그대로 옮겨 왔다.

위   ©㈜영화사 진진
아래 ©안미선

83

"처음엔 기억교실에 못 들어갔죠. 무서웠어요. 희생
자들의 책상에 뭔가 올려져 있잖아요. 입사하자마
자 '금요일엔 함께하렴' 행사에 매주 갔어요. 세월호
희생자들의 약전을 읽고, 추모시를 읽는 행사였어요.
그때 울기도 하고 가슴이 멍멍해지고 아팠어요. 힘
들어서 못 앉아 있겠는 거예요."

전전긍긍하고 애면글면했던 나날들

입사 전부터 기억저장소 기록팀장 자리는 열 달이나 비
어 있었다. 전임자가 없으니 인수인계도 없었다. 기록물
을 보관한 서고는 곳곳에 흩어져 있었다. 서고마다 기록
물이 넘쳐났다. 필요한 자료를 찾기도 어려웠다. 입사하
고 열 달 정도는 주말에도 나와서 기록물을 정리했다. 정
리를 돕는 봉사자들이 평일에는 시간이 나지 않아서였다.
마음 한편의 빚도 한몫했다. 기록물을 살뜰히 정리할 방
법을 찾느라 골똘하며 고심했다.

　　가끔은 단원고 물품보관소에 들렀다. 2학년 교실에
서 마저 가져오지 못한 물품들이 거기 있었다. 커튼, 개인
수납장 같은 비품이 제대로 있나 확인하고 또 확인했다.
단원고에서 가져갈지도 몰라 더 신경이 쓰였다. 기억교실
업무는 그 정도만 했다. 산더미 같은 기록물을 정리하는
데도 시간이 모자랐다.

　　2017년 말, 갑자기 민주시민교육원 건립 계획이 틀
어졌다. 안산시가 단원고 인근 시유지 제공을 자꾸 미루

고 있었다. 보다 못한 교육청이 안산교육지원청을 부지로 내놓았다. 기억교실을 복원할 땅이 안산교육지원청 별관 터로 바뀌어버렸다. 당시 기억교실은 그 별관 자리에 임시로 열고 있었다. 이듬해(2018년) 여름, 기억교실은 또다시 자리를 옮겨야 했다. 이번에는 안산교육지원청 별관에서 본관으로 이사갔다. 이 두 번째 임시 이전을 총괄하면서 그는 기억교실을 돌아보기 시작했다.

"교실 사물함을 보면 테이프 뜯은 자국이 있어요. 처음 이전할 때 이삿짐센터에서 일반 이삿짐처럼 다룬 거예요. 두 번째 이전할 때는 기억 물품을 책상마다 구분해서 중성상자(자료 보존용 중성처리 상자)에 희생자 이름을 표시하고 담게 했어요. 짐 싸고 나르면서 절대로 기록물에 직접 닿지 않게 해달라고, 테이프 대신 랩으로 싸달라고 했어요."

그렇게 이전하고 해가 바뀌었다(2019년). 단원고에서 철거를 시작했다. 문틀, 창틀 따위를 도려냈다. 기억교실 복원에 쓸 고정기록물이었다. 그가 이번에는 현장을 지켰다. 철거 과정을 모두 기록으로 남기는 일을 지휘했다. 공사는 주말에도 이뤄졌다. 방학 중에 빨리 마칠 요량이었다. 책임자였던 그는 주말이라도 공사가 있으면 매번 나갔다.

"단원고에서 철거할 때는 뜯어내는 게 아니라 오려냈

어요. 벽을 절단하고 그랬죠. 안전모를 쓴 기록자들
이 사진을 찍고, 캠코더로 촬영하며 작업 현장을 지
켰어요. 기록자이면서 감시자였죠. 작업하시는 분들
볼 때마다 '여긴 조심해 주세요. 제발 잘해주세요.
이것 좀 빼주시면 안 돼요?' 하고 부탁했어요."

2020년, 민주시민교육원 기억관을 완공했다. 곧바로 기
억관에서 복원 공사가 이어졌다. 이번에도 그는 복원 현장
을 지켜야 했다. 기억관에 만든 교실들은 단원고의 원래
설계도대로 지었다. 그런데 단원고에서 가져온 문을 기억
관 교실에 넣으면 크기가 맞지 않았다. 더 크면 깎고, 틈
이 있으면 우레탄폼으로 메우기를 반복해야 했다.

"저희가 정말 우스갯소리로 못 하나라도 그 교실에
박힌 그대로 갖고 온다고 그랬어요. 그것들이 다시
그 자리에 들어갔을 때는 너무 감사했죠."

한 단원고 재학생이 인터뷰에서 이런 말을 했단다. '기
억교실에 들어갔을 때, 내가 수업을 듣는 교실이랑 비
슷하다는 느낌을 받지 못했다'고. 현재 단원고 재학생
들이 쓰는 책걸상은 기억교실에 놓인 책걸상하고 달랐
다. 2016년 처음 임시 이전을 했을 때, 나무와 쇠로 만든
책상과 의자를 단원고 2학년 교실에서 기억교실로 가져
왔기 때문이다. 그 뒤 단원고는 책상과 의자를 플라스틱

소재의 제품으로 모두 교체했다.

> "그런데 그 학생이 기억교실 복도를 보는 순간, 가슴
> 이 '쿵'하고 내려앉았다고 했어요. 실제 단원고 복도
> 랑 너무 똑같아서요. 그럴 때 보람을 느끼죠."

2020년 11월 말, 복원을 마친 기억관에 책걸상과 기억
물품을 모두 옮겼다. 마침내 기억교실은 세 번째 이전까
지 매듭지었다. 경기도교육청은 2021년 새해를 시작하며
4·16민주시민교육원을 직속 기관으로 설립하였다. 그해
3월, 이은화 님은 기억저장소를 퇴사하고 민주시민교육
원에 입사했다. 소속은 바뀌었지만 기억교실을 총괄하는
역할은 바뀌지 않았다. 곧이어 기억저장소와 민주시민교
육원은 협약을 체결했다. 기억교실을 공동으로 소유하고
관리하기로 합의하였다.

그는 기억교실의 기록물을 오래 보존하기 위해 갖
은 노력을 해왔다. 갈수록 기록물들이 바래갔다. 전등 빛
에서 보호하려고 UV 차단 필름을 붙였다. 변색된 유인물
은 영인본(원본을 사진이나 과학적 방법으로 인쇄한 복제본)을 제
작해서 전시했다. 대신 원본은 따로 보관했다. 폼 보드로
만든 대형 게시물도 복제본을 만들었다. 서울 충무로까
지 가서 제작을 맡겼다. 여러 전문가들에게 칠판을 보존
하는 방법을 문의했다. 답은 못 얻었다. 공기 접촉이라도
줄이고자 아크릴판으로 막았다.

"보존과학은 문화재 분야라 전혀 몰랐어요. 저는 기
록학을 전공했을 뿐이고, 기록물의 보존 처리 역시
전부 처음 해본 일들이었죠."

세월호에서 나온 수학여행 유인물을 복원한 적이 있다.
복원한 업체에서 '유인물에 불 탄 자국이 있다'고 했다.
이 말을 전하면서 이은화 님의 눈시울이 갑자기 붉어졌다.

"설명을 듣는데 '애들이 추워서 이렇게라도 불을 피우
려고 했나?' 연상이 되는 거예요. 그걸 듣고 소장님
한테 보고할 때 가슴이 미어져서 진짜 목 놓아 울었
어요."

전시와 보존, 소신과 현실 사이

기억교실에 오면 누구나 의자에 앉을 수 있다. 기억 물
품과 기록물을 만지면서 봐도 된다. 그만큼 훼손될 위험
이 크다. 그는 무시로 '전시'와 '보존' 사이에서 고민해야
했다.

"저는 관리해야 되는 사람이잖아요. 뭐가 훼손되거
나 하면 엄청 힘들죠. 기억교실에 사람이 못 들어오
게 하면 좋겠다고 생각하기도 해요. 제일 문제가 되
는 게 습도거든요. 전등불도 계속 켜놓잖아요."

'단원고 4·16기억교실'의 복도. 실제 단원고의 복도를 원래 모양대로 복원했다. ⓒ안미선

때로는 소신과 현실 사이에서 번민하기도 했다. 그는 일
하면서 크게 서운한 적이 딱 한 번 있었다고 했다. 기억저
장소 이지성 소장이 외부 서고에 보관하던 기록물을 별관
(첫 이전 당시 기억교실)으로 가져와 달라고 했다. 방문한 업
무 관계자들에게 보이겠다는 이유였다. 이은화 님은 반대
했다. 몇 년이나 물속에 잠겨 있던 물품이다. 겨우 복원했
지만 훼손은 계속 진행 중이다. 마음이 편할 수 없었다.

> "근데 나중에 소장님이 상황을 설명해 주셨어요. '우
> 리가 이런 일도 하고 있다' 보이고 싶으셨대요. 예산
> 도 확보해야 하니까. 이렇게 부딪힐 때마다 대화를
> 해주시니까 마음을 털 수 있었죠."

전시와 보존 사이의 딜레마는 여전히 그에겐 고민거리다.
그런 그가 이제는 '어떻게 하면 시민들이 기억교실에 더
편하게 찾아올 수 있을까' 고민한단다. '10년이면 강산도
변한다' 했던가.

> "제가 올해 '모바일 앱 개발'을 제안해 봤어요. 기억
> 교실 반별로 미션을 주고 게임처럼 클리어하면 스탬
> 프도 찍어주고 선물을 주거나 이렇게요. 예산안을
> 올려봤는데, 안 됐어요!(웃음)"

민주시민교육원은 '기억교실 돌봄사업'을 단원고 학생들

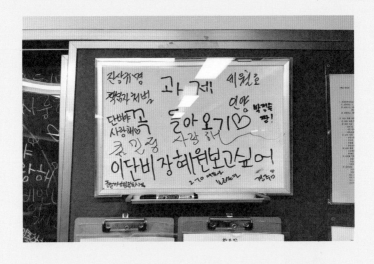

'단원고 4·16기억교실'의 칠판 옆 화이트보드. 공기 접촉을 줄이고자 아크릴판으로 막았다. ⓒ용우

과 처음 시작했다. 담당자인 그는 학생들과 함께 기록물을 정리했다. 어떤 때는 일부러 학생들에게 밥을 사기도 했다.

"이 친구들이 기억교실에 처음 오면 숙연하잖아요. 그런 분위기를 제가 깨줘야 하니까 '너희끼리 얘기도 좀 해라. 음악 좀 틀어봐. 너희들이 이렇게 하면 선배들이 좋아할 거야' 이런 얘기도 했어요."

"하루에 하루를 보탠다"

기억저장소는 기억교실을 단원고에 보전하여 유네스코 세계기록유산에 등재하고자 했다. 참사 초기부터 시도했던 일이다. 기억교실이 단원고를 떠나면서 계획이 틀어졌다. 대신 기억교실을 완벽하게 복원하여 다시 도전하기로 방향을 돌렸다. 복원을 마칠 즈음, 기억교실과 관련 기록물들을 국가지정기록물로 지정받기 위해 나섰다. 세계기록유산 등재를 위한 선결과제였다.

지정을 위해 분류 목록을 만드는 일도 그의 몫이었다. 목록을 정리하는 데만 꼬박 1년이 걸렸다. 그때부터 그는 관련 서류에 기억교실을 '공간기록'이란 용어로 지칭했다. 2021년 말, 마침내 국가기록원은 기억교실을 공간기록으로서 '국가지정기록물 14호'에 지정했다.(2021. 12. 27.)

이 일을 하면서 후회한 적이 없냐고 물었다. 그는 한

번도 후회한 적이 없다고 했다. 오히려 뿌듯하고 재미도 있었단다.

"민간 기록관치고 이렇게 기록물 보관 분류 체계부터 시스템까지 정리해 놓은 곳은 손에 꼽아요. 주변에서 지원해 줘서 가능했던 부분도 있지만, 제 노력도 있었어요."

게다가 자신의 노고를 알아주는 사람들 덕분에 힘이 나기도 했다.

"기억저장소에서 일한다고 하면 기록학 쪽에 있는 분들이 힘든 곳에서 일한다고 미안해했어요. 그럼 '나는 자원봉사자가 아니고 월급 받고 일한다'고 해요."

기억교실과 함께한 시간은 무에서 유를 만들어낸 시간이었다. 좋은 사람들이 옆에서 좋은 기운을 주었다. 덕분에 그 시간들을 버틸 수 있었다.

"소장님은 자기 사람을 평소에도 많이 대우해 주세요. 소장님이 늘 먼저 방향을 잘 잡으세요. 그럼 저는 실무 차원에서 어떻게 해서라도 해결하는 스타일이에요. 그러다 보니까 서로 손발이 잘 맞기도 했죠."

집단 기억의 장소, 추모와 애도의 장소, 치유의 장소, 교
육의 장소…. 그는 시기나 상황에 따라 기억교실이 가진
의미가 계속 변해왔다고 보았다.

> "온 국민이 학생들이 수장되는 모습을 생중계로 봤잖
> 아요. 기억교실에 오면 그때가 떠오르겠죠. 그걸 봤
> 던 사람들에겐 집단 기억의 공간이잖아요. 그 기억
> 을 떠올리기 싫어서 기억교실에 방문을 안 하시거나
> 못하시는 분들도 있겠죠. 직면하기 위해 오시는 분
> 들도 있을 거고요. 올해 한 행사에서 생존 학생의 이
> 야기를 들었어요. '친구들 중에 기억교실에 아직 못
> 오는 친구가 있다. 나도 처음에 올 때는 좀 두려웠
> 는데, 와서 보니까 친구들이 생각난다'고 했어요. 피
> 해자들은 기억교실이 '치유의 공간이 되고 있다'고
> 하더라고요."

변해가는 기억교실만큼이나 그 역시 변해갔다.

> "제가 원래 사람 사이에 터치를 별로 안 좋아하는데
> 여기 와서 자연스러워졌어요. 기록물이나 유품 정리
> 하다가 어머님들이 우시면 그냥 안고, 가만히 있어
> 주고, 말씀하면 듣고, 너스레도 떨고, 울다 웃다 막
> 그래요. 동화되어 가는 거죠."

"하루에 하루를 보탠다"는 말은 이은화 님이 좋아하는 문장 중 하나다. 이 문장은 기억교실과 함께 7년을 버텨낸 원동력이기도 했다.

> "그냥 하루에 하루가 계속 얹어졌던 것 같아요. 길게 보고 간 것도 아니고요. 해야 할 일들이 있었어요. 우선 유가족분들이 정말 열심히 움직이는 부분도 있고요. 그냥 그렇게 지나다 보니까 7년이 흘렀어요."

그는 세월호참사 희생자 10주기를 맞이하는 바람을 이렇게 내비쳤다.

> "기억교실이 세월호참사를 모르는 학생들이 와서 배워가는 그런 공간으로 계속 발전했으면 좋겠어요. 저희는 계속 교육의 현장이라는 목소리를 내고 싶거든요. 많은 분들이 기억교실에 직접 와서 보시고, 이 교실을 지켜낸 사람들의 이야기도 좀 들어주셨으면 좋겠어요."

지난 10년 동안 기억교실을 지키기 위해 무수한 사람들이 손을 보탰다. 그 수많은 손과 손을 이어주고, 뒤를 받쳐주었던 사람은 바로 이은화 님이었다. 그렇게 손길과 정성이 모이는 한가운데 늘 그가 있었다. 다만 그는 자기를 드러내지 않고 묵묵히 그 역할을 해냈다. 그는 기억교실과 기록물을 지키는 일에 대해 '해야 할 일이어서 했고, 일로 했을 뿐이다'라고 말했다. 그 말은 언뜻 당연해 보였다. 그런데 그 말이 달리 보면 남다르게 다가왔다. 우리는 참사 이후로 자신이 해야 할 일조차 제대로 하지 않는 이들을 너무나 많이 보지 않았던가.

2023년 10월 14일, 이은화 님과 첫 인터뷰를 했다. 인터뷰는 1시간 반 만에 끝났다. 더 길게 이어갈 수 없었다. 그날 행사를 진행하는 동료를 도우러 가야 한다고 해서다. 문득 그가 일을 하며 보냈을 그 숱한 주말들이 떠올랐다. 그날은 토요일이었다.

이은화 4·16민주시민교육원 기억관운영실 팀장이 기억교실 안의 기록물을 확인하고
있다. 이은화 님은 지금도 기억교실을 지키기 위해 하루에 하루를 얹고 있다.
©4·16민주시민교육원

쓸쓸한
팽목 곁을
지켜온
10년

세월호 팽목기억관, 정기열

글 / 신정임

우리 사회가 이태원참사로 또다시 슬픔에 빠진 지 1년이 되던 날이었다. 진도 팽목항(현재는 진도항)으로 향하는 길 위에 해무가 잔뜩 끼어 있었다. 무거워진 공기를 달래듯 해가 떠오르면서 안개는 걷히고 파란 하늘이 모습을 드러냈다. 잠시 후, 자가용이 컨테이너 여러 동이 있는 공간에 멈춰 섰다. '416세월호참사 희생자 팽목항 분향소'라는 표지판이 달린 '0416 팽목기억관'을 중심으로 세월호 팽목성당과 강당, 세월호가족식당이 각각 컨테이너 하나씩을 차지하고 있었다. 조개들이 뒤섞인 흙밭에 덩그러니 놓인 컨테이너들에서 쓸쓸함이 묻어났다. 꼭 파란 하늘이 감춘 물의 질감을 다시 만지는 느낌이었다.

희생자들이 처음 발을 디딘 곳

유일하게 잠기지 않은 팽목기억관의 미닫이문을 열고 들어갔다. 세월호 희생자 304명의 사진과 함께 이들을 기리는 여러 조형물, 그림, 책들이 공간을 채우고 있었다. 한쪽 벽면에 달린 현수막을 한참 바라봤다. '잃은 울음을 그러모아 다시 생각한다. 기억하겠다. 너희가 못 피운 꽃을 잊지 않겠다.' 꼭 잊지 말라는 절규 같은 문장에 멈췄던 시선을 거두고 묵념을 한 뒤 밖으로 나와 조금 걸었다.

5분도 안 되는 거리에 세월호 희생자들이 차디찬 바닷속에서 처음 뭍으로 올라왔던 선착장이 있었다. 바다로 뻗은 길에 어린이문학인들이 주축이 되어 만든 '세월호 기억의 벽'이 이어졌다. 전국 26개 지역의 어린이와 어른들이 타일 4656장에 세월호를 잊지 않겠다는 마음을 곱게 새겨놓았다. '봄은, 죽었다'는 선언 옆에 '세상을 바로 보겠습니다'라는 다짐들이 수십 미터 이어지고, 세월호 추모벤치, 솟대 등 조형물들이 바다로 뻗은 길 곳곳에 놓여 있다. 이 길 위에 서 있는 것만으로도 지난 10년 동안 점점 멀어져 왔던 노란 리본의 기억에 한 걸음 다가간 듯했다.

기억의 벽 맞은편에는 '기억해야 되풀이되지 않습니다! 생명존중 안전사회 건설하자' '4·16세월호참사 기억/추모 사업의 차질 없는 추진을 약속하라' 등의 구호를 담은 현수막들이 죽 걸려 있었다. 일주일 뒤인 11월 4일, 이 현수막을 내건 세월호광주시민상주모임(이하 시민상주모임)의 시민상주, 정기열 님을 광주에서 만났다. 10년 동안 세월호 희생자 가족들을 위로하며 함께 활동해 온 그를 만나자 팽목항에서 조금 또렷해진 노란 리본의 기억에 여러 감정이 더해졌다.

삼년상을 치르려다 어느덧 10년

시민상주모임의 원래 이름은 '세월호 삼년상을 치르는 광주시민상주모임'이었다. 우리의 전통을 되살려 '가족이 세상을 떠나면 삼년상을 치르던 것처럼 상주의 마음으로 세월호 삼년상을 치르겠다'는 뜻으로, 세월호참사 두 달 뒤인 2014년 6월 16일에 발족했다.

처음 22명으로 시작한 모임이 지금은 300여 명이

100

위   팽목기억관에는 바다에서 뭍으로 나온 세월호 희생자들을 처음 만난 가족들의 아픔과 그리움이 그대로 남아 있다. ⓒ신정임

아래   팽목항 선착장에는 어린이와 시민들이 함께 4656장의 타일을 연결해 꾸민 기억의 벽이 있다. ⓒ신정임

함께하는 큰 공동체가 됐다. 소통은 회원 카톡방에서 하고, 대표도, 직책을 맡은 간부도 없는데도 지난 10년 동안 많은 일들을 해왔다. 5·18의 아픔과 함께 공동체의 힘을 경험한 광주였기에 가능한 일이었다. 유가족의 마음에도 어느 지역보다 깊이 공감했다.

"가장 중요한 건 유가족들과 붙어서 힘이 되어주는 것이었습니다. 항상 가족들이 원하는 활동을 군말 없이 같이 하려고 했습니다. 가협(4·16세월호참사 가족협의회)이 어떤 의제를 내세우면 그게 바로 우리의 의제가 된다는 마음가짐으로 지금까지 온 거죠."

시민상주모임의 첫 사업은 '진실마중 사람띠 잇기'였다. 침몰 당시, 승객들을 대피시키는 대신 "가만히 있으라"는 방송을 한 뒤 자신들만 먼저 탈출했던 세월호 선원들의 재판 날이면 사람들이 모였다. 광주까지 재판 방청을 온 희생자 가족들을 맞이하기 위해 광주법원으로 가는 길에 200~300여 명이 늘어서서 사람띠를 이었다. 이들의 손에는 '가만히 있지 않겠습니다' '행동하겠습니다' 등이 적힌 노란 팻말이 들려 있었다.

"그쯤에 광주비엔날레가 열렸습니다. 비엔날레 안에 뜨개질을 해서 나무를 감싸는 프로그램이 있었는데 우리도 그걸 접목하기로 했습니다."

광주시민상주모임은 팽목항에 철마다 현수막을 걸고 매달 기억 순례와 기억의 문화제를 하며 10년 전과 다름없이 팽목을 지키고 있다. ⓒ신정임

시민들이 마을별로 모여 뜨개질을 하고, 희생자들의 이름을 적은 노란색 별들을 엮고, '4·16 특별법(4·16세월호참사 진상규명 및 안전사회 건설 등을 위한 특별법)' 제정의 필요성을 담은 대자보도 만들어 광주법원으로 가는 길에 있는 나무들을 둘러쌌다. 시민들은 이 길을 '세월호 진실마중길'이라고 불렀다. 재판이 열린 2014년 6월부터 7월 14일까지 세월호 진실마중길에서는 42차례나 '진실마중 사람띠 잇기'가 이어졌다.

> "안도감이라고 할까요? 이렇게라도 우리가 이해해 주고 품어줄 수 있어서 다행이다, 그나마 유가족들이 덜 힘들면 좋겠다고 바랐습니다."

할 수 있는 말이 없어 계속 걸었다

시민상주모임은 쉴 틈이 없었다. 곧바로 십자가 순례에 함께했다. 수학여행을 가기 위해 세월호에 탔던 단원고 2학년 고 김웅기 님의 아빠 김학일 님, 고 이승현 님의 아빠 이호진 님과 누나 이아름 님이 나무 십자가를 짊어지고 단원고에서 출발해 충남과 전북, 전남을 지나 팽목항에 다다른 뒤 다시 대전 월드컵경기장으로 향하는 순례를 계획했다.

고향이 전남 함평인 정기열 님은 순례단 소식을 듣고 함평 구간만이라도 동참하려고 주변 사람들에게 연락을 했다. 그러다 아예 시민상주모임이 전남지역에서 대전

광주시민상주모임의 시민상주들은 희생자 가족들과 함께할 수 있다는 사실만으로도
안도감을 느끼면서 10년을 이어왔다. @신정임

까지 올라가는 길의 지원을 맡게 되었다. 숙소를 알아보고 식사와 간식 등을 챙겼다. TV로 보던 희생자 가족과 직접 마주한 희생자 가족은 달랐다고 그가 말했다.

"함평에 새벽 4시쯤 도착했는데 그때 승현 아빠가 일어나 있었어요. 앉아 있는 모습을 딱 봤는데 뭔가 탁 막히는 느낌이 들더라고요. 처음엔 어떤 말을 해야 할지 몰라서 그냥 옆에서 걸어만 주자는 마음이었어요. 그렇게 며칠 동안 말도 안 하고 종일 걸었습니다."

분위기가 너무 무거워지자 웅기 아빠가 먼저 말을 걸며 친근하게 대해주었다. 전체 37일 여정 중 보름 가까이를 함께하면서 차곡차곡 정이 쌓였다. 대전에서 헤어질 때 승현 아빠가 "함께해줘서 고맙다"는 인사를 전했다. 이때의 인연이 이어져 지금도 두 아빠와 가깝게 지내고 있다. 아이들을 키우는 아빠의 마음을 누구보다 잘 아는, 아빠들만의 이심전심이 통해서이다.

나의 것을 기꺼이 내어줄 용기

정기열 님이 순례 동참을 자처한 데는 이유가 있다. 그는 가톨릭 스카우트 지도자로 1년에 30일은 야행을 하고, 행진도 익숙했다. 두 아들과 같이할 일을 찾다가 시작한 일이 휴일을 온통 쏟아부어도 아깝지 않은 일이 됐다. 자원봉사였지만 아이들이 민주시민으로 성장하는 데 일조

한다는 보람이 있었다.

그랬던 그의 일상이 세월호참사를 만나면서 완전히 바뀌었다. 회사가 끝나면 광주에서 차로 두 시간여를 달려 팽목으로 향했고, 회의를 하고 집에 오면 새벽 1시가 넘었다. 다시 아침이면 회사로 출근하고 저녁이면 팽목으로 향하는 날들이 반복됐다. 그러던 어느 날 저녁, 회의를 하고 있는데 고등학교 1학년이던 첫째가 전화를 하더니 대뜸 물었다. "아빠, 요즘 돈 없어?" 개인 사업을 하는 정기열 님이 매일 새벽에 들어오니 아빠가 사업이 안 돼서 투잡이라도 하는 줄 알고 건 전화였다. 집에 돌아와 아이들에게 시민상주모임 이야기를 했다.

> "전부터 아이들한테 항상 이야기해 왔거든요. 세상은 혼자 능력으로는 절대 살아갈 수 없으니 5퍼센트라도 사회를 위해서 살아야 한다고요. 그래서인지 아이들이 시민상주모임 활동을 이해해 줬습니다."

목수였던 할아버지가 정기열 님에게 강조했던, "혼자서 살 수 없는, 여럿이 모여 사는 사회이니 내가 갖고 있는 것 중에서 어느 정도는 내줄 수 있는 마음이 필요하다"는 가르침을 아들들에게 전하는 한편 몸소 행동으로 보여준 터였다.

활동에는 돈이 필요한 법. 1년이면 서너 번씩 팽목항 현수막을 바꾸고, 주기 때마다 행사를 하는 시민상주모임 활동 비용은 어떻게 마련되는지 궁금했다.

"시민상주모임은 따로 회비는 없어요. 대신 모금을 많이 했습니다. 팽목항에 조형물을 세우거나 문화제를 여는 것처럼 프로젝트가 있을 때마다 모금을 하면 시민들이 많이 동참해 주셨어요. 부족하면 시민상주들이 돈을 내기도 하고요. 활동 경비는 각자 부담합니다. 광주에서 팽목까지 갈 때 기름값, 톨게이트비, 식비 하면 10만 원은 들어요. 그런데 그런 걸 다 계산하면 활동을 못 하죠. 또, 돈보다는 시간이잖아요. 각자 자기 시간을 내서 그렇게 참여하는 게 쉬운 일은 아니죠. 늘 함께하는 사람들에게 감사하고 있어요."

그처럼 자기가 가진 시간과 돈, 열정을 내놓은 사람들이 모인 곳이 바로 시민상주모임이었다. 이들이 있었기에 2014년 11월부터 1000일 동안 마을들을 돌며 세월호 참사의 진실을 알리는 '천일 순례'도 할 수 있었다. 시민상주들은 명절 때면 고향에 내려가서, 해외에 나가면 여행지에서도 그 지역을 돌며 1000일 동안 걷고 또 걸었다. 정성이 닿아 희생자 가족이 원하는 '진상규명, 책임자 처벌'로 나아갈 수 있길 바라면서.

그 과정에서 4개였던 광주 마을촛불 모임이 19개까지 늘어났다. 이들은 마을에서 매주 피케팅을 끈질기게 이어갔다. 처음에 '세월호 삼년상을 치르는 광주시민상주모임'이라고 이름을 정할 때만 해도 '3년이면 진상규명도 어느 정도 해결되지 않을까?' 했던 예상은 완전히 빗나갔다. 3년이 됐지만 침몰의 원인도, 구조를 못한 이유도 밝혀지지 않았고, 304명의 목숨을 앗아간 사고에 대해 책임지는 사람도 없었다. 이런 상황에서 시민상주모임을 그만둘지를 결정해야 했다. 시민상주 80여 명이 모여 논의한 끝에 "탈상을 했으니 3년이란 말은 빼지만 진상규명, 책임자 처벌이 될 때까지 함께하자"는 결론을 내렸다. 희생자 가족 곁에 있겠다고 한 처음의 다짐이 여전히 유효했기 때문이다.

대신 시민상주모임의 3년간 활동을 정리한 책을 냈다. 제목은 《사람꽃 피다》(광주시민상주100인, 전라도닷컴, 2016)이다. 지금껏 희생자 가족들이 외롭지 않도록 곁을 지키며 사람꽃 향기를 전한 이들의 이야기를 담았다. 시민상주 100명이 둘씩 짝을 지어 서로를 인터뷰한 뒤 정리한 글들을 모았다. 앞이 꽉 막힌 상황이어도 이를 풀어가는 건 역시 사람뿐이라는 사실을 되새기는 작업이었다.

우리에게 팽목을 지키는 건 일상

이후로도 시민상주모임의 활동은 변함이 없다. 마을촛불의 횟수는 줄었지만 여전히 마을에서 피케팅을 이어간다. 주기가 다가오면 문화제 등 행사들도 마련한다. 바닷바람에 해진 팽목항 현수막들도 때마다 바꿔 단다. 매달 마지막 주 토요일이면 진도군 임회면 입구에서부터 기억동

산을 거쳐 팽목항까지 가는 기억 순례를 하고, 팽목기억
관 옆에서 문화제도 연다. 세월호 선체 인양 전엔 '기다림
의 문화제'였던 이름이 지금은 '세월호참사를 기억하자'
는 의미를 담아 '기억의 문화제'로 바뀌었을 뿐이다.

　　2022년 6월부터는 매주 목요일, 금요일마다 광주
시민상주들이 돌아가며 팽목기억관을 찾는 사람들을 안
내하고 있다(일주일 중 나머지 사흘은 세월호 희생자 가족들이, 또
이틀은 진도 시민들이 지킨다. 팽목기억관은 힘든 여건 속에서도 1년
365일 열려 있다). 정기열 님은 "우리에게 팽목을 지키는 건
일상"이라며 팽목항에 기억공간이 있어야 하는 이유를 설
명했다.

　　"팽목은 희생자들이 처음 뭍으로 나온 자리이니만큼
　　기억할 수 있는 공간이 있으면 좋겠습니다. 또, 진도
　　군민들의 희생도 기록으로 남겨 사람들에게 알릴 필
　　요가 있고요."

2018년 팽목항에 기억관을 만들자고 진도군에 제안했지
만 진도군은 면담 요청에 응하지 않았다. '팽목기억공간
조성을 위한 국가비상대책위원회'를 꾸려 기억공간의 필
요성을 알리며 전국을 순회했는데도 진도군은 꿈쩍도 하
지 않았다. 2022년 지방선거에서 새로 당선된 진도군수
가 당선 후, 안 쓰고 있는 매표소 건물을 리모델링해서
작은 기억관으로 사용하겠다고 유가족들과 약속했지만

가톨릭 스카우트 지도자로 자원봉사를 해온 정기열 님은 세월호참사 이후 완전히 다른 인생을 살고 있다. ⓒ조재형

현재 이 약속도 지켜지지 않고 있다.

　그사이 팽목기억관 옆에는 진도항 여객선터미널이 새로 문을 열어 제주로 가는 배를 타려는 여행객들이 늘었다. 그러면서 팽목기억관 주변이 여객선터미널을 찾는 사람들의 주차장으로 변해가고 있어 안타깝다.

　"관광객들이 여객선터미널을 오가면서 매일 팽목기억관에 들릅니다. 특히 아이들을 데리고 오는 분들이 많습니다. 오는 분들이 '아직도 진상규명이 안 됐냐'고 물어보세요. 안 됐다고 하면 다들 놀라시죠. 우리가 돌보는 것과 국가에서 운영하는 건 다르잖아요. 기억공간이 자리만 잡아주면 훨씬 더 많은 사람들과 참사 관련 이야기를 나눌 수 있고, 진도군 입장에서도 사람들을 더 많이 유인할 수 있을 텐데 그러지 못해 아쉽습니다."

현실은 불편하다. 그래도 보라!

10년이란 결코 짧지 않은 시간이다. 그동안 시민상주 활동을 그만두고 싶었던 적은 없는지 묻자 정기열 님은 스카우트 이야기를 했다.

　"스카우트 지도자로서 어디로 튈지 모르는 아이들과 텐트를 치고 몇 박 며칠 야영을 하다 보면 힘든 점이 많습니다. 가끔은 '내가 언제까지 이 활동을 해야 하

나. 이번만 끝나면 그만둬야지'라고 생각하죠. 그런데 프로그램이 끝나고 나면 다른 생각이 드는 거예요. 무사히 야영을 마치고 성과도 보이니까 다시 다음 야영을 준비하는 거죠.

시민상주 활동도 마찬가지인 것 같아요. 3~4년은 정말 힘든지도 모르고 했는데 시간이 지나면서 열정적으로 활동하던 사람들이 하나둘 안 보이고 눈에 보이는 성과도 없는 것 같을 때가 있어요. 그러면 '언제까지 하나. 이제는 내가 빠져도 되지 않을까'라는 생각이 들기도 합니다. 그러다가도 프로그램을 하나 끝내면 또 힘을 받고 다음으로 나아가는 생활의 연속인 거죠."

그럼에도 함께하는 이들이 줄어든 것에 대한 아쉬움은 없을까?

"잊힌 게 아니라 다 마음속엔 있는데 직접 나와서 행동하는 사람들이 좀 안 보일 뿐이죠. 안에서는 다들 진상규명, 책임자 처벌을 원하고 우리가 하는 활동에 응원을 보내고 있다고 생각합니다."

그러면서 그는 세월호참사 10주기에 대한 바람을 전했다.

"10주기가 어떤 미래를 그리는 가능성의 분기점이 되

면 좋겠습니다. 10년이니까 결과물과 상관 없이 그
만 정리하자는 사람들이 있을까 봐 걱정이거든요.
단절이 아니라 앞으로 나아갈 수 있는 힘을 얻는 그
런 전환점이 되길 희망합니다."

김탁환 작가의 책에 나온 "질문이 멈추면 기억도 멈춘다"
라는 문장을 좋아한다는 정기열 님은 그 반대인 '기억이
멈추면 질문도 멈춘다'는 문장도 성립할 거라고 말했다.

"계속 기억을 하고 거기에 대해 '왜'라는 질문을 해나
가면 문제 해결 방법도 떠오르고 책임 당사자도 거
기에 답해야 할 의무가 생기는 거잖아요. 그래서 질
문과 기억을 잊지 말아 달라고 부탁드리고 싶습니
다. 그런 마음이 깔려 있으면 어느 순간 우리가 정말
압축된 힘이 필요할 때 그분들도 나와줄 거라는 기
대감도 있고요. 그런 마음가짐으로 오래오래 기억해
주는 게 가장 중요할 것 같습니다."

정기열 님의 SNS 소개에는 '현실은 불편하다. 그래도 보
라!'라는 글귀가 적혀 있다. 쿠바의 혁명가였던 체 게바
라의 말이란다. 10년 동안 불편한 현실에 눈 감지 않고
세상을 지켜봐 온 정기열 님과 광주시민상주모임 시민상
주들에게 꼭 하고 싶은 말로 인터뷰를 마쳤다.

여객선터미널이 새로 문을 열면서 팽목기억관 주변이 주차장화 되고 있어 팽목항에 제대로 된 기억공간이 필요하다는 의견이 많다. ©신정임

제주에서, 다시 묶는 리본

세월호 제주기억관, 박은영·김원

글 / 장태린

제주도에는 43번 버스가 있다. 4·3항쟁을 기억하기 위해 지어진 이름이다. 이름처럼 4·3기념관을 지난다. 제주시의 산간지방인 봉개동 4·3기념관에서 한 정거장 거리에 세월호 제주기억관이 있다. 10월, 선선한 바람과 노란 바람개비들이 반겨주는 세월호 제주기억관에서 박은영 님과 김원 님을 만났다.

박은영 님은 세월호 제주기억관 운영위원이자, 평화쉼터(제주기억관과 함께 운영되는 숙소로 활동가들이 쉬어갈 수 있는 공간이다) 지기이다. 기억관을 찾는 이들에게 세월호참사에 대해 안내하고, 기억관을 관리한다. 눈물짓는 이들에게 손수건을 건네고 따뜻한 차를 내오며, 평화쉼터를 찾는 활동가들을 돌본다.

김원 님은 '세월호를 기억하는 제주 청소년 모임'(이하 세제모)의 '총대장'을 맡아 제주 곳곳을 누빈다. 청소년들을 가장 많이 만날 수 있는 중학교, 고등학교들을 찾아 리본을 나누고, 세월호 제주 추모행사를 주도해 기획하고 있다. 나이도, 경험도 각기 다른 두 사람이지만 세월호에 대해서는 서로의 활동을 속속들이 알고 있는 동료이자 친구처럼 보였다.

긴 여정의 종착지가 되었을 곳

나는 '세월호 세대'다. 2014년 4월 16일, 제주도로의 수학여행을 일주일 앞둔 고등학교 2학년 학생이었다. 그렇기에 그날을 더욱 생생하게 기억할 수밖에 없다. 수학여행은 연기됐고, 학교에서 성금과 구호 물품을 모아 진도 체육관으로 보냈던 기억이 난다. 참사가 정말 '나의 일'이 되었을 수도 있다는 생각에 세월호를 잊을 수가 없었다.

하지만 두 사람이 활동을 시작하게 된 계기는 달랐다. 10대 후반의 청소년인 김원 님은 2014년 세월호에 대한 기억이 없다고 했다. 너무 어렸던 탓이다. 박은영 님은 참사 직후 일부러 세월호 소식을 외면했다. 가장 가까운 곳에서 희생자들의 얼굴을 마주 보는 일을 했기에, 오히려 더 힘든 시간을 보냈다고 했다. 그들이 2024년 현재, 어떤 마음으로 기억관을 지키고 있는지 궁금했다.

"2014년에는 너무 어렸어서, 사실 그때의 기억이 별로 없어요. 세월호참사가 일어난 다음 해에 지금 다니고 있는 학교(제주 보물섬학교)에 입학했어요. 학교에서 세월호참사에 대해 배웠어요. 그때부터 집회에 나가기 시작했고요. 2021년, 7주기 때 '세제모'를 결성해서 제주기억관과 함께 행사 기획을 시작했어요. 세제모에는 35명 정도의 학생들이 함께하고 있어요. 저희 또래 학생들에게 세월호를 알리기 위해서 등하굣길에 학교를 찾아 리본을 나눠주는 활동을 해요. 돌문화공원이라는 관광지에서도 리본 나눔을 하고 있어요. 격월로 리본 공방을 열어서 직접 리본을 만들기도 해요."(김원)

118

세월호 제주기억관 입구의 노란 바람개비 ©장태린

"저는 지금도 전원 구조 보도가 생각이 나요. 당시 일하던 회사 사무실에서 직원들하고 같이 세월호 뉴스를 봤거든요. 전원 구조 소식을 듣고, 안심하고 다시 업무를 봤는데, 저녁이 되어서야 그게 전혀 아니었다는 걸 알았어요. 당시 일하던 회사가 홍보물 기획사라, 1주기 현수막을 제가 출력했거든요. 저희 사무실 직원들도 다 너무 힘들어했어요. 아이들과 눈이 마주치는데, 눈을 쳐다볼 수가 없다는 이야기도 많이들 했어요. 그래서 저는 1주기 때까지 광화문에 가보질 못했어요. 아이들이 배 안에서 찍은 영상들을 계속 틀어줬거든요. 그게 너무 마음이 아파서, 그곳을 지나가는 것도 너무 힘들었어요.

제가 제주에 온 지 8년이 됐는데, 제주기억관을 지으면서 제주로 이주하게 된 거예요. 제주기억관은 연 지 4년이 됐어요. 공간이 있어야 사람들이 찾고, 기억하기가 좋잖아요. 여기저기 수소문을 했는데 사실 잘 안됐어요. 그래서 직접 지은 거죠."(박은영)

연고가 없는 지역으로 삶의 터전을 옮기고, 낯선 곳으로 삶의 반경을 확장하는 것은 결코 쉬운 일이 아니다. 그런 어려움을 감수하며 제주에서 세월호 기억 활동을 한다는 것은 그들에게 어떤 의미인지 궁금했다.

"기억관에 오시는 분들이 가장 많이 물어보시는 게

그거예요. '왜 제주에서 기억관을 하세요?' 그 배가 제주에 도착했다면, 제주의 다른 고등학교 학생들이 배를 타고 수학여행을 나가기로 되어 있었어요. 운명이 바뀔 수도 있던 곳이죠, 제주는. 그리고 제주도는 관광지잖아요. 안산이나 광화문은 의미가 큰 곳이라서, 제가 그랬듯 많은 분들이 그곳을 찾는 걸힘들어하세요. 마음먹고 찾아가야 하는 곳이에요. 하지만 여기는 지나가다 들렀다는 분들이 대부분이에요.

일부러 시간을 내서 찾아오시는 분들도 물론 계시죠. 경찰과 그 가족분들이 오셨던 게 기억이 나요. 광화문 기억공간은 도저히 들어가 볼 수가 없었다고 하세요. 그런데 이번에 제주로 발령이 나서 가족들과 다 같이 왔다고 하더라고요. 잠수사, 심리치료사분들이 오신 적도 있었어요. 그때 당시 봉사활동 하지 못한 게 너무 미안하다고 이야기해 주시고. 최근에는 들어오면서부터 펑펑 울던 20대 남성분들이 기억에 남아요. 좀 진정된 후에, '제가 그 친구들이랑 동갑이에요'라고 얘기하더라고요. 미안한 마음에 기억공간을 찾지 못했던 사람들이 찾아오는 곳이라는 점에서, 제주에서의 활동이 특별하다고 생각해요."(박은영)

"저는 10년이 지난 지금, 단원고 언니 오빠들이랑 또

래인 나이가 됐어요. 여기가 수학여행의 종착지였다는 생각에 좀 더 열심히 활동하게 되는 것 같아요. 제주도 수학여행 코스를 저희는 다 알고 있잖아요. 그리고 저 같은 대안학교 학생들은 세월호참사에 대해 잘 알지만, 일반 학교 학생들은 잘 모르거든요. 그래서 더 열심히 활동하려고 해요."(김원)

안전하지 않다는 감각

"저희는 두 달에 한 번씩 직접 배를 타서 배가 세월호 이후에 얼마나 안전해졌는지를 확인하는 안전 모니터링 활동을 해요. 배를 타면 1인당 제공되는 공간이 0.25평 정도예요. 엄청 좁아요. 그 외에도 배의 문제점을 많이 찾았거든요. 예를 들면, 복도나 계단이 너무 좁아서 두 사람 이상이 같이 설 수 없다는 것도 문제예요. 만약에 배가 갑자기 기울거나 많은 사람이 한 번에 나가야 할 때, 못 나가겠다는 생각이 들더라고요. 탈출할 때 쓰라고 망치를 둬야 하는데, 망치가 있어야 할 자리에 없는 거예요. 선사 측도, 승객들도 사실 저희한테 크게 관심이 없고 달가워하지 않는 것 같아요. 이런 문제점들을 고쳐달라고 해양수산부에 전화도 해보고 했는데, 자꾸 전화를 다른 데로 돌리시더라고요. 저희 학교는 배를 타고 여행을 많이 다녀요. 그런데 배를 심하게 무서워하는 친구들이 있어요. 세월호참사의 영향도 있죠. 이 문

봉사자들과 유가족들의 작품으로 꾸며진 세월호 제주기억관 ⓒ장태린

제를 어떻게 해결할까 정말 많이 고민해요."(김원)

비슷한 시기를 보낸 내 또래 친구들에게는 같은 습관이
생겼다. 교통수단을 이용할 때도, 익숙한 공간에 갈 때
도, 가장 먼저 비상구를 확인하는 것. 불이 나거나, 물이
들이차거나, 건물이 붕괴하는 순간을 상상하게 되는 것.
여전히 변한 게 없었다. 2024년 현재 배를 타는 청소년들
도 여전히 두려움을 안고 있다는 사실이 쓸쓸하게 다가
왔다. 세월호 이후에도 수많은 참사가 있었다. 배가 침
몰하고, 서울 한복판에서 사람들이 쓰러져 가는 것을 지
켜만 봐야 했던 많은 이들이 공통적으로 느낀 감정은 '무
기력'이 아니었을까. 제주의 활동가들도 10년의 세월을
지나며 지치지 않았을 리 없다. 그 무기력을 딛고 세월호
10주기를 준비하는 마음에 대해 물었다.

"5·18 때도 10주기를 기점으로 '할 만큼 했잖아'라
는 반응이 나왔었다고 해요. 해결된 게 없는데 어떻
게 추모가 끝날 수 있겠어요. 다시 시작하는 마음으
로 10주기를 맞이하고 싶어요. 지금 고 김용균 노동
자 어머니 김미숙 활동가님이 평화쉼터에 와 계세요.
어머님은 '세월호가 부럽다'고 하세요. 기억할 수 있
는 공간이 있기 때문에. 산재로 죽어간 청소년, 청년
들은 기억공간을 만들 수가 없으니까 쉽게 잊혀버린
다는 거예요. 공간에는 잊지 않겠다는 의미가 있잖

아요. 사고, 참사가 반복되는 건 잊히기 때문이라고 생각해요. 삼풍백화점 붕괴로 그렇게 많은 사람들이 희생되었는데, 추모비가 공원 구석에, 보이지도 않는 곳에 있다고 하잖아요. 너무 충격적이죠. 그나마 있는 기억공간들도 없애버리고, 지워버리려는 시도가 계속되고 있으니까…. 그래서 공간을 더 열심히 지켜야 한다고 생각해요."(박은영)

"세월호참사 이후로 10년이 지났지만, 사회가 크게 바뀌지 않았다고 느껴요. 제가 생각하는 안전한 나라는 걱정하지 않는 나라예요. 편안한 마음으로 여행을 다닐 수 있는 사회, 놀러 다닐 수 있는 사회. 밤 늦게 다녀도 무섭지 않은 사회가 안전사회인 것 같아요. 1년 내내는 아니더라도, 4월 한 주라도 함께 추모할 수 있는 분위기가 마련되었으면 좋겠어요."(김원)

변했다고 말해줄 수 없으면 슬플 것 같아요

"저는 초등학생 때 고등학교 언니, 오빠들이 엄청 큰 사람인 줄 알았어요. 그런데 세월호참사 당시 영상을 보면, 지금 제가 친구들과 노는 모습이랑 똑같거든요. 여기서 10년이 더 지나면, 2014년에 태어나지도 않았던 친구들이 제 나이가 되겠죠? 만약에 우리 사회가 좋게 바뀌었다면, 참사를 기점으로 반성을

해서 이렇게 바뀌었다고 기쁘게 말해줄 수 있을 것 같은데…. 그대로라면 너무 슬플 것 같아요."(김원)

"처음엔 너무 많은 아이들이 죽었다는 사실에 마음이 아파서 연대하시는 분들이 많았잖아요. 그런데 지금은 기억을 되살리는 게 필요할 것 같아요. '세월호가 벌써 9년이 됐어요?'라고 되묻는 분들이 많으세요. 하지만 사실 해결된 건 아무것도 없거든요. 잊혀가는 것 같다는 생각도 해요. 코로나 시기를 거치면서 리본 나눔 같은 활동도 할 수가 없었으니까요. 사람들은 아주 좋았던 기억, 아주 슬펐던 기억은 잘 잊지 않아요. 그래서 저는 스토리텔링으로 세월호를 소개하려 해요. 잠수사분들이 어떤 과정으로 구조를 했는지, 미수습자 가족들은 어떻게 지냈는지…. 그리고 생일인 아이들을 꼭 소개해요. 오래 기억하시라는 마음으로요."(박은영)

오랫동안 잊지 않고자 하는 마음을 담아 직접 짓고 가꿔온 공간이자, 세제모가 탄생한 공간이기도 한 세월호 제주기억관. 앞으로 이 공간을 어떤 곳으로 만들어나가고 싶은지 두 사람에게 물었다.

"사람들이 더 많이 기억관에 왔으면 좋겠어요. 아, 10주기 행사에 높은 사람들이 많이 왔으면 좋겠어

'세월호를 기억하는 제주 청소년 모임'의 총대장 김원 님 ⓒ장태린

요.(웃음) 저희가 9주기 행사를 하면서 세제모 친구들이랑 평가 회의를 하는데, '이런 일들을 우리 같은 청소년이 아니라 정부에서 해야 하는 것 아닌가?'라는 이야기가 나왔어요. 교육감님이나 도지사님이 추모행사를 기획하고, 우리가 손님으로 가봤으면 좋겠어요. 도지사님 오시라고 전화도 했는데 안 오셨어요. 우리 기억관 많이 오시는 분들이 도지사 됐으면 좋겠어요. 대통령 되면 더 좋겠는데요. 저희가 직접 나갈까요? 당 만들려고 이름도 정했어요.(웃음) 전국구가 되어야겠어요. 지난번에 광주와 경기도 청소년들도 만났거든요. 세월호를 함께 기억할 새로운 친구들을 더 많이 만나고 싶어요."(김원)

"앞으로도 지금껏 해왔던 것처럼 계속해야죠. 새롭게 뭔가를 더 하는 것보다는 꾸준하게. 그럴 수 있는 사람들이 많지 않잖아요. 지금 활동하는 사람도 많이 줄고 있는데, 꾸준히 계속하는 게 제일 중요한 것 같아요."(박은영)

느슨해진 노란 리본을 다시 묶으며

대학에서 '4·16을 기억하는 학생 모임'을 운영한 적이 있다. 지난 2020년, 6주기 추모행사의 제목을 '다시 묶는 리본'으로 붙였다. 5주기가 지나며 '이제 그만할 때 되지 않았냐'는 분위기가 느껴졌기 때문이다. '기억하자, 잊지 않겠다'라는 이야기 말고 또 무슨 행동을 할 수 있을지 고민이 깊었다. 그렇게, 우리 마음속에서 느슨해져 버린 노란 리본을 다시 묶자는 의미를 담아 6주기 행사를 기획했다.

그로부터도 4년이 더 지났다. 세월호 학생들이 닿고자 했던 제주에서, 더더욱 바래고 느슨해진 리본을 다시 묶는 이들이 있다. 43번 버스를 타고 세월호 제주기억관을 찾는 이들이 더욱 많아지기를 바란다. 그 마음들이 모인 힘으로, 기억관 앞 노란 바람개비들은 더욱 힘차게 돌아갈 것이다.

아이들에게
박수쳐 줄
준비가
되어
있나요?

단원고 생존 학생을 위한 공간 '쉼표', 장성희

글 / 히니

SNS로 세월호참사 생존자의 근황을 종종 본다. 웃고 있는 사진이 많지만, 그날의 기억에 신음하는 글을 읽을 때면 상상도 할 수 없는 고통에 큰 바위 하나가 마음에 툭 하고 얹어진다. 2014년 4월 16일에서 한 발짝도 나아가지 못한 이가 있는가 하면, 더디더라도 조금씩 나아가려 애쓰는 이도 있다. 그리고 언제나 같은 자리에서 기다리는 것이 익숙해진 채로, 그 옆을 묵묵히 지키는 누군가가 있다. 생존자들을 직접 대면하며 오랜 시간 소통해 온 사람은 어떤 모습을 하고 있을까.

포항에서 네 시간을 달려 안산에 도착했다. 약속 시간에 늦을까 봐 부랴부랴 도착한 데다 내용을 파악할 만한 자료가 충분하지 않아 사전 질문지도 만들지 못한 탓에 조바심이 났다. 약속 시간 1분 전. 카페 겸 쉼터라면 간판 정도는 있을 텐데, 도저히 간판을 찾을 수 없었다. 제대로 찾아온 게 맞는 걸까. 조급한 마음에 인터뷰이에게 전화를 걸었다. "바로 옆 상가 건물 2층이에요." 고개를 돌려보니 허름한 2층짜리 상가 건물이 눈에 들어왔다. 태권도장임을 알리는 시트지가 붙은 창문 옆 공간. 세월호참사 이후 단원고 생존 학생들이 머물렀던 '쉼표'였다. 평소에도 실없이 웃음을 보였기에, 표정과 마음을 다잡고 쉼표의 문을 열었다. 가득 쌓인 서류와 책 너머로 미소 짓는 장성희 님이 있었다.

이름 모를 수많은 손길이 모여 찍힌, 쉼표

장성희 님은 자신을 문화예술 기획자이자 '신나는 문화학교'라는 단체의 상근자이고, 2015년부터는 쉼표를 지키고 있다고 소개했다. 신나는 문화학교는 안산의 예술인들이 모여 만든 비영리 민간단체로, 약 20년의 긴 역사를 가지고 있다. 처음에는 예술인들의 안정적인 활동을 목적으로 만든 단체였지만, 세월호참사가 발생한 뒤 내부에서 문제의식을 공유하면서 자연스레 그와 관련된 공간을 만들자는 의견이 나왔다. 그렇게 회원들의 동의를 얻어 만들어진 공간이 '쉼표'였다.

> "안산 면적이 되게 좁아요. 그만큼 인구 밀도는 높거든요. 그러니까 세월호참사 희생자 중에 우리가 아는 사람도 분명 있을 것 같았어요. 생존 학생 중에 지인의 자녀도 있었거든요."

막연히 아는 사람도 저 배에 탄 것 아니냐고 걱정하던 장성희 님은 얼마 후 평소 알던 선배의 딸이 단원고 생존 학생이라는 소식을 들었다. 한 사람만 건너면 아는 얼굴이 있는 곳이 안산이었다. 그곳에서 예술 활동을 하고 또 시민운동을 하는 사람으로서 세월호참사를 마주한 성희 님과 신나는 문화학교 상근자들은 할 수 있는 일이 무엇일지 고민했다. 문화예술 분야의 일을 하고 있었지만, 그것으로 생존 학생들의 상처나 트라우마를 치유할 수 없

위   단원고 생존 학생들을 위한 공간 '쉼표'를 운영하는 장성희 님 ⓒ히니
아래   신나는 문화학교 활동가들이 모여 만든 '쉼표'의 내부 ⓒ히니

다는 걸 알았다. 그래서 누군가를 치유하겠다는 거창한
목표는 과감히 지웠다. 그저 아이들이 편하게 드나들 수
있는 공간을 만들기로 했다. 공간을 이용하게 될 생존 학
생들의 생각을 들어봐야 했다. 연락이 닿은 학생들에게
공간이 있으면 좋겠는지, 공간이 있으면 어떻게 꾸미면
좋겠는지 몇 차례 만나 의견을 모았다. 안산민예총과 신
나는 문화학교가 여러 논의를 거친 끝에 적당한 자리를
찾았고 공간 운영 계획을 세웠다. 그런데 돈이 문제였다.
공간을 꾸릴 자금을 어떻게 마련해야 하나 고민하던 차
에 뜻밖의 연락을 받았다.

　　"어떤 분이 쉼표에 후원하겠다고 초록우산 어린이재
　　단에 후원을 하셨대요. 그래서 월세랑 프로그램 운
　　영비를 몇 년간 지원받을 수 있었어요. 너무 감사했
　　죠. 또 광주시민상주모임에서 1일밥집으로 생긴 수
　　익금을 전해주셔서 공간을 꾸밀 수 있었어요. 안산
　　희망재단에서도 도움을 주셨고요."

'일단 해보자'라는 신나는 문화학교 활동가들의 생각을
현실로 구체화한 건 안산 시민들과 알음알음 후원의 손
길을 보내온 이름 모를 사람들이었다. 세월호참사 생존
학생들을 위한 마음들은 자꾸 모였다. 그 마음들이 백
지 위에 그림을 그리고 완성한 셈이었다. 셀 수 없이 많은
도움 덕에 쉼표는 2015년 10월 문을 열었다.

단원고 생존 학생과 함께한 '쉼표'의 개관식 ©광주시민상주모임

누구에게나 안전한 쉼터가 되길

세월호참사에서 살아남은 단원고 학생은 75명이었다. 장
성희 님은 당연히 생존 학생 모두가 서로 잘 아는 사이라
보고, 그들만을 위한 공간에 삼삼오오 모여 자주 올 것
이라 생각했다.

"저희가 처음에 아이들 상황을 잘 몰랐던 거예요. 어
떤 아이는 반에서 혼자 생존한 경우도 있었거든요.
애들끼리 당연히 친할 거라고 간편하게 생각했던 거
죠. 그렇다고 뭘 묻기에도 조심스러웠어요. 그래도
3학년 때 같은 반이 되고 그러니까 몇 명씩 같이 오
더라고요."

쉼표라는 공간이 생존 학생들에게 필요하다는 확신은 있
었지만, 생존 학생에 대해서도 또 치유의 방법에 대해서
도 아는 게 그다지 없었다. 장성희 님과 신나는 문화학
교 상근자들은 예술 활동의 가능성을 믿기는 했지만, 학
생들에게 몇 번의 예술 프로그램을 제공한다고 해서 해결
될 일은 아니라고 생각했다. 그래서 차라리 생존 학생들
이 부담을 느끼지 않을 만한 영화 보기나 게임하기, 떡볶
이 만들어 먹기 같은 소소한 프로그램을 만들어 진행했
다. 다행히 참여율은 생각보다 좋았고, 덕분에 쉼표라는
공간의 의미가 조금씩 채워졌다.

"앞에 바로 버스 정류장이 있고, 이 길을 주민들이 많이 지나다녀요. 쉼표가 생존 학생들을 위한 곳이라는 걸 누구나 다 아는 상황에서 그 아이들이 여기까지 오는 게 쉽지는 않았을 거예요."

생존 학생들에게 언제든 편하게 드나들 수 있는 공간이 필요할 거라는 생각에 무작정 만든 곳이었다. 단지 안정감을 느낄 수 있는 편안한 공간이면 좋겠다는 바람이었다. 쉼표를 개관했던 때는 이미 참사가 벌어지고 1년 6개월가량이 지난 시점이었지만, 그때까지만 해도 세월호를 둘러싼 논란이나 가짜 뉴스가 계속 확대재생산되고 있었다. 장성희 님은 그런 상황에서 쉼표를 찾는 것 자체가 부담이었을 생존 학생들에게 고맙다는 말을 전했다.

장성희 님은 세월호참사 이후 안산을 떠난 이도, 시간이 흘러 직장이나 대학 때문에 안산에 살지 않는 이도 있다고 했다. 그리고 고등학교 때만 쉼표를 이용한 이도 있고, 지금까지도 자주 오는 이가 있는가 하면 아주 가끔 찾아오는 이도 있다고 했다.

"이제는 애들이 성인이잖아요. 그래서 저녁에 만나면 여기서 자기들끼리 술도 한잔씩 하고 그래요. 저희가 퇴근해도 도이락 비밀번호를 애들이 아니까 자유롭게 다녀가죠."

생존 학생들이 성인이 된 후에는 쉼표의 낮이 비었다. 공간을 빈 채로 둘 수 없어 주민들에게 열어두기로 했다. 세월호참사 당시 내 일처럼 여기며 마음을 써주긴 했어도, 주민들에게 쉼표는 낯선 공간이었다. 누구나 참여할 수 있는 문화예술 프로그램을 운영하자 주민들도 조금씩 경계를 풀었다. 장성희 님은 "결국 주민들에게도 쉼표라는 공간의 의미가 자연스럽게 스며들었다"라고 말했다. 그뿐일까. 누구든 언제나 편하게 올 수 있는 안전한 공간을 만들고 싶다던 신나는 문화학교 상근자들의 목적을 어느 정도 이룬 셈이다. 생존 학생들의 공간으로 시작했지만, 이제는 안산에 거주하는 모두와 공유하는 공간이 되었으니 말이다.

쉼표가 마침표가 되지 않으려면

"아이들하고 친해지기까지 2~3년은 걸린 것 같아요. 내 말 한마디, 행동 하나가 아이들한테는 상처가 될 수도 있으니까 굉장히 조심했어요. 살얼음판을 걷는 듯한 느낌일 때도 있었죠. 매일 보는 사람이면 내일 사과하면 조금이나마 회복될 수도 있지만, 아이들은 내일 안 오면 관계가 끝나는 거잖아요."

장성희 님은 생존 학생들이 겪은 고통이나 트라우마에 대해 함께 이야기하는 것은 고사하고 위로하는 것조차 가식처럼 느껴질까 봐, 말을 아낄 수밖에 없던 때를 기억

쉼표에서 지역 초등학생들과 함께한 문화 예술 활동 ©장성희

했다. 할 수 있는 거라곤 쉼표를 지키다가 학생들이 오면 시시콜콜한 대화를 나누는 것이 전부였다. 아무것도 묻지 않고 같이 시간을 보내는 것. 쉬운 일처럼 보였지만 가장 어려운 일이었다.

"아이들이 성인이 된 후에야 현실적인 어려움에 대한 이야기를 많이 했어요. 대학에 입학하면 자기소개를 하잖아요. 안산 단원고 출신이라고 하면 다 알잖아요. 그런 것 때문에 두려워하는 아이들도 있었어요. 그런 걸로 위축이 되니까 친구도 잘 못 사귀게 됐다고, 그래서 대학에 친구가 없었다고 그런 이야기를 나중에 하더라고요."

가족도 친구도 아닌 신나는 문화학교 상근자들이 생존 학생들을 돕는 데는 한계가 있었다. 장성희 님은 특히 법적 보호자가 아니라는 이유로 심리적 외상이 겉으로 드러나 어려운 상황에 노출된 학생을 직접적으로 도와줄 수 없어 안타까워했다. 그저 쉼표로 연락이 오면, 도움을 요청하면 그때마다 손을 맞잡는 것으로 마음을 전했다. 모든 생존 학생의 정보를 알 수도 없어서 도움을 원한다는 의사를 보내온 생존 학생들에 한해서는 어떻게든 도우려 움직였다.

"저희 단체 카톡방이 있어요. 방을 나간 아이들도 있

긴 하지만 거의 남아 있거든요. 쉼표에서 만나지 못
하는 아이들과 그 안에서 근황을 나누기도 하고, 세
월호 관련 행사가 있으면 알려주기도 하고, 우리가
도울 수 있는 일이 있으면 돕기도 해요."

세월호참사가 발생한 지 곧 10년이 된다. 쉼표가 세월호
참사를 기억하며, 생존 학생들의 쉴 공간으로 자리매김했
다는 것은 분명하다. 하지만 세월호와 물리적 시간이 멀
어질수록 아동과 청소년들, 그리고 시민들의 기억에서 세
월호가 점점 지워지는 것이 장성희 님에게 큰 고민이었다.
처음부터 생존 학생들만 쉼표를 이용했던 것은 아니다.
초등학생부터 생존 학생들의 고등학교 후배들까지 다양
한 연령의 학생들이 쉼표를 찾았다.

"한 해씩 지날 때마다 사람들의 기억이 흐려지는 게
느껴져요. 청소년들도 예전만큼은 잘 안 오고요. 그
러니까 이 공간도 점점 잊히는 것 같아요. 생존 학생
들이 이용할 시기에는 아이들이 안전하고 편하게 이
용했으면 좋겠다는 바람 때문에 홍보하지 않은 것
도 있어요. 사실 우리가 쉼표의 의미를 대외적으로
홍보하지 않는 이상 많이 모르실 수밖에 없어요. 결
과적으로 그런 부분은 아쉽긴 하지만, 이곳을 찾는
아이들에게 편안함을 주려면 어쩔 수 없었죠."

'쉼'이 없는 사람들

여러 단체와 후원자들 덕에 짧지 않은 시간 동안 월세나 운영비를 해결할 수 있었지만, 언제나 예산은 모자랐다. 인건비는 애초에 바란 적도 없었다. 신나는 문화학교 상근자로 지원한 공모사업에 선정되면 그것으로 쉼표의 인건비와 운영비를 충당했다. 그러니까 신나는 문화학교의 본업을 하면서 쉼표를 운영했다. 신나는 문화학교에 소속된 모두가 두 사람 몫의 일을 해야 했다.

> "세월호참사 이후에 안산에 생겼던 민간단체들이 다 없어지고 지금은 우리만 남았어요. 월세나 인건비, 운영비 이런 것들이 필수적이니까 민간에서 운영하기엔 한계가 있는 거예요. 우리는 가랑이가 찢어져도 어떻게든 버텨보겠다고 하다 보니 여기까지 왔어요."

청소년기에 경험한 친구의 죽음, 참사를 받아들이고 극복하는 데 얼마큼의 시간이 필요한지 알 수 없었다. 멀쩡한 성인도 큰일을 겪으면 앞으로의 인생이 어떻게 될지 모르는데, 생존 학생들은 어린 나이에 트라우마를 감내해야 했다. 장기적인 목표나 비전 그러니까 어떤 성과를 내기 위해 마련한 공간이 아니었다. 언제일지 모르는 아이들의 어떤 순간을 기다려주자는 마음이 컸다. 그러나 쉼표를 둘러싼 현실은 기다림에 인색했다.

"올해는 생존 학생들이 초등학생들과 함께 하는 프로그램을 직접 사업계획으로 만들었어요. 만날 초등학생들도 다 선정해서 프로그램을 시작만 하면 되는 상황이었는데, 정부에서 사업비를 안 준다고 하더라고요. 4년 전부터 매년 받던 지원이었는데 갑자기 앞으로 안 주겠다고 하니까 당황스럽고 아쉬웠죠. 그래서 올해는 사업계획만 하고 아무것도 못 했어요. 내년은 또 어떡하나 걱정이죠."

해양수산부로부터 받은 예산을 각 기관이 민간단체로 지원해 주는 구조였으나, 2023년 세월호와 관련된 재단은 1년 내내 감사만 받았다고 했다. 민간단체에 대한 지자체나 국가 지원이 전혀 없는 상황에 지원금이나 후원금은 언제나 절실했다. 애초에 지원처는 많지 않았고 어렵게 찾은 지원마저 끊겼다. 아무런 대비 없이 받은 갑작스러운 통보는 청천벽력 같았다. 당장 다음 해 사업을 준비하려면 생존 학생들과 활동가들의 주머니를 여는 수밖에 없다고 했다. 숨이 턱하고 막히는 현실에 후원 계좌를 열어두는 것이 어떠냐고 묻자, 장성희 님은 알 수 없는 미소를 지었다.

"아직도 세월호는 끝나지 않았어요. 세월호 참사를 잊지 않기 위해서는 이런 공간이 있다는 게 알려져도 상관은 없어요. 아니 오히려 알려져야 하죠. 그런

데 잘 모르는 분들께 후원을 받는 게 사실 조심스러
워요. 불특정 다수에게 후원을 받게 되면 우리가 어
떤 사업을 했는지, 어떤 활동을 했는지 요청하는 분
들이 있을 수도 있고요. 그렇게 되면 이 공간을 만든
취지와 맞지 않을 수도 있는 거예요. 애초에 성과를
내기 위한 공간이 아니었던 데다 그런 과정을 동의하
지 않는 아이들도 있을 테니까요."

후원이 절박한데도 불구하고 생존 학생들의 동의가 없
으면 후원을 받을 수 없는 상황이었다. 동의를 떠나서도
쉼표에서 진행하는 건 자본주의에 특화된 사업이 아니었
다. 결과물을 즉각적으로 낼 수 없는 활동들이라 후원자
가 원하는 성과를 보여줄 수도 없었다. 생존 학생들이 사
업을 위한 도구가 되었다고 느낄 가능성도 있었다. 장성
희 님은 세월호참사와 관련되지 않았더라도 사회문제를
다루는 단체는 이와 같은 이유로 많이 사라진다고 덧붙
였다. 경제적 자원이 턱없이 부족한 현실에 장성희 님은
신나는 문화학교 상근자로 공모사업 관련 게시판을 매일
들여다봐야 했다. 일을 위한 일을 해야 했다.

"힘들죠. 작년까지만 해도 코로나19 때문에 일을 찾
기 힘들었거든요. 그나마 올해부터는 좀 자유로워
져서 일을 많이 했어요. 쉼표 지원도 다 끊긴 마당에
월세를 마련하자 싶어서 일을 정말 많이 했어요. 쉬

지 못하니까 문득 그만두고 싶다는 생각이 들더라고
요. 근데 제가 신나는 문화학교 일을 그만두고 아르
바이트하면서 쉼표를 지키자 이런 생각을 하고 있더
라고요."

아이들의 목소리를 더 듣고 싶어요

어느덧 사회초년생이 되어 각자의 위치에서 바삐 지내는
생존 학생들. 전처럼 자주 만날 수는 없지만, 1년에 한두
번은 꼭 쉼표에서 자리를 마련한다. 적어도 3~40명이 참
석하는 그날이 되면 장성희 님은 더없이 행복하다.

"이거 인터뷰라서 하는 말 아니에요. 저는 아이들이
쉼표에 오는 게 너무 좋아요. 자주 만나는 아이들도
있지만 아주 가끔 연락해 오는 아이들도 모두 건강
하게 잘 극복하고 있는 거라고 생각하거든요. 그 과
정에서 쉼표의 도움도 있었겠지만 안산 온마음센터,
학교, 부모님, 친구들의 도움도 있었을 거예요. 그래
도 어쨌든 스스로 하지 않으면 안 되는 일이었을 테
니까, 아이들에게 너무 고맙죠."

동시에 장성희 님은 바람이 있다고 했다. 학생들이 세월
호참사 생존 당사자로서 목소리를 내주있으면 한다는
것. 너무 힘든 일이라 자신이 욕심 낸다고 쉬이 될 일이
아니라는 걸 알지만, 자기 목소리를 낸다는 것은 그만큼

생존 학생들이 성장했다는 뜻이기도 하기에 당장 이루지 못할 일일지라도 몇 년 전부터 그런 소망을 품고 있다고 했다. 언젠가 세월호참사 백서를 만드는 작가들이 쉼표를 찾았을 때, 아주 오랜만에 온 생존 학생이 뜻밖에도 이야기를 털어놓는 것을 보고 성희 님의 바람은 더 커졌다. 그리고 그렇게 말할 기회를 만들어주는 것 역시 쉼표가 해야 할 역할이라는 것을 알았다.

"어떤 사건으로 인해서 안산을 외면하고 싶은 아이들도 있을 거예요. 그런데 내가 태어난 곳, 내가 자란 곳, 나의 일부분을 완전히 부정할 순 없을 거잖아요. 그래서 쉼표가 아이들에게 고향 같은 곳이었으면 해요. 그리고 쉼표가 이 공간을 계속 유지한다면, 우리 아이들이 이곳을 분명히 추억해 내고, 여기 와서 나중에 무언가를 할 것 같다고 확신해요."

이제는 가족보다도 더 가족 같아진 생존 학생들과 쉼표를 지키는 사람들. 몇 년 후에 환갑을 맞는 어느 상근자를 위해 환갑잔치를 열겠다고 말한 학생들의 마음을 생각하면 장성희 님은 눈물이 난다. 성희 님은 여전히 학생들이 사회적 참사 이후 어떤 역할을 해주기 바라는 마음이 크지만 결국 그 선택은 당사자의 몫이고 반드시 그러지 않아도 된다고 했다. 그저 아이가 존재하고, 자신의 삶을 살아간다는 것만으로도 박수쳐 줘야 한다고 덧붙였다. 고개를 끄덕이는 내게 장성희 님이 되물었다.

"이제 그만 잊으라고 말하는, 또 세월호와 관련된 예
산이 모두 사라지는 이 현실은 우리 아이들에게 박
수쳐 줄 준비가 되어 있나요? 이런 상태라면 세월호
는 20년 후에도, 30년 후에도 진행 중일 거예요."

기억하는
것은
빛이 난다

세월호 기억공간 '기억과 빛', 양승미

글 / 안미선

"저는 평범한 주부예요. 노란 리본을 10년 동안 만들
었어요."

양승미 님의 첫마디였다. 단지 리본만 만들었을 뿐이라며
그다지 내세울 것 없다는 듯 낯을 붉혔다. 평범한 주부와
노란 리본의 인연은 어떻게 시작되었을까?

손이라도 보태려고 시작한 일

"2014년 4월 16일 그날, 저는 5학년 초등학생의 학부
모였어요. 아이 스카우트 모임을 한다고 학교에 있
었는데 아침에 뉴스로 세월호 소식을 들은 거죠. 처
음에 전원 구조라고 안도했다가 집에 와 오후에 뉴
스를 보니 그게 아니었던 거죠. 속상해 밖을 못 나
가고 한 달 동안 울고 있었어요. 뭔가를 해야 하는
데 무얼 해야 할지 몰랐어요. 홍대 앞에서 진행된 침
묵시위에 마스크를 끼고 나가 맨 끝줄에서 걸었어요.
'가만히 있으라'라고 쓰인 피켓을 들고요. 그리고 광
화문 세월호 농성장에 나갔어요. 리본 만드는 곳이
있길래, 내가 할 수 있는 일로 손이나 보태야지 하는
생각으로 리본을 만들기 시작했어요. 그렇게 그해
8월 초부터 지금까지 하고 있어요."

그는 안양에 살면서, 처음에는 일주일에 사흘, 그다음에
는 거의 날마다 집에서 광화문 세월호 농성장을 오갔다.

149

그리고 그곳에 문을 연 노란리본공작소에서 묵묵히 노란 리본을 만들었다.

"리본 만들 때는 잠시도 안 일어나고 앉아서 만들었어요. 시간이 흐르는지도 몰랐어요. 처음엔 옆을 볼 생각도 못 했어요. 옆에 앉은 사람이 누군지도 모르겠고. 다만 내가 뭔가 다리 역할을 해야겠다는 생각만 들었어요."

그들이 만든 리본은 온 세상에 퍼져 나갔다. 뉴욕에서 집회가 있었을 때 그는 SNS로 집회 관련한 이들을 찾아 노란 리본을 만들어 발송했다. 뉴욕의 세월호를 기억하는 모임 참가자들이 목걸이로 건 노란 리본은 그렇게 전해졌다. 호주에 리본을 보냈을 때는 알아보기 쉽게 큰 천으로 노란 리본을 만들었다. 캐나다에서 집회가 열렸을 때는 직접 방문해 전달해 줄 수 있는 이를 어렵게 찾아 3일 만에 만든 리본들을 가까스로 전할 수 있었다. 밤을 새워 만든 리본들은 이국에서 추모하는 이들의 가슴에 매달려 빛을 내었다.

"애 셋을 두고 살림만 하던 주부였는데, 요만큼 하니까 이만큼 되네, 그런 생각이 들었어요. 한 발 더 하게 되고, 한 발 더 하게 됐어요. 내가 조금만 움직이면 해결되는 날이 하루라도 당겨지겠지 하는 생각이

노란리본공작소에서 만든 노란 리본들 ©양승미

었어요. 움직여 보니 같이하는 사람도 생겼어요. 사
람들이 둘이 되고 셋이 되면서 모이니 힘이 되었거든
요. 자발적이고 자율적인 시민들이 광장에 모였고,
그들의 아이디어가 빛났던 순간들이 있어요.”

리본을 만들 뿐 아니라 광장에서 서명도 받았다. 희생자
304명의 이름을 하나하나 담은 피켓들을 만들기도 했다.
숫자가 아닌, 한 사람 한 사람을 보여주고 싶었기 때문이
다. ‘세월호에 아직 사람이 있다’ 같은 글을, 멀리까지 잘
보일 수 있도록 피켓 하나에 한 글자씩 써서 드는 시위도
했다.

“나는 시민이니까 시민의 입장에서 해보는 거예요. 연
령대나 성별 등에 따라 할 수 있는 이야기가 다르다
고 생각해요. 우리는 결국 시민들의 마음을 움직여
야 하는 거잖아요. ‘어떻게 하면 마음을 움직일 수
있을까’에 초점을 뒀어요.”

뉴스를 처음부터 찾아보면서 지나가는 사람들의 눈길을
끄는 글과 말이 무엇일지 다른 이들과 회의하고 궁리했
다. 여러 종류의 리본을 만들어놓고 시민들이 자주 가져
가는 리본이 어떤 모양인지 지켜보고 그 리본을 더 많이
만들기도 했다. 리본을 손에 든 사람들은 무얼 하면 좋을
지 물어오기도 했다. 하나씩 하나씩 편이 늘어가고, 마음

이 모이는 것 같았다. 한 손이라도 더 보태야 한다는 생각이 먼저 들었다. 그래서 그 자리를 더욱더 떠날 수 없었다. 무언가 만들어지고 있는 그 위태롭고 소중한 자리를.

각자의 이야기가 담긴 노란 리본

처음에 노란리본공작소에서 리본을 만들면서 서로 이런 말을 주고받았다. "설마 1주기 지나도록 해결이 안 되겠어? 설날을 지나겠어?" 그러다 또 이런 말을 했다. "추석 전에 해결이 안 되겠어? 올해 안에는 되겠지?" 미해결의 상태로 예상하지 못한 긴 시간이 흘렀다. 세월호참사 5주기 때는 이 일이 점점 잊히는 것 같아 몹시 안타까웠다. 노란 나비를 만들어보자고 생각했다. 나비를 만들어 시민들의 어깨에 앉게 하고 싶었다.

"희생자들이 아직 우리 옆에 있다는 걸 어떻게 하면 가장 좋은 방법으로 전할 수 있을까 생각했어요. 더 오래 여운이 남아 기억할 수 있게 하고 싶었어요. 살포시 앉는 무언가면 좋겠다, 그러면 나비가 좋겠다. 살랑살랑 느껴졌으면 좋겠는데, 그러면 한지가 좋겠다. 바로 생각이 났어요. 노란리본공작소에서 함께하는 분들이 두 번도 안 물어보고 그러자 하더라고요. 바로 같이 만들었어요."

그 후에도 그는 노란 리본을 계속 만들었다. 노란리본공작소는 곳곳에 있었다. 용인, 수원 영통, 전주, 청주, 안양, 군포, 서울 서촌 등 여러 지역에서 시민들이 자발적으로 운영했다. 노란리본공작소를 통해 여러 마음이 리본에 담겨 지역에 골고루 전달될 수 있었다. 그의 눈에는 언제나 리본이 들어온다. 노란 리본을 보면 어느 지역에서 만든 리본인지 알 수 있다. 두께와 길이, 리본 끝의 각도, 선의 모습이 눈에 쏙 들어온다. 때로 남의 가방에 매달린 리본 하나가 접착력이 떨어져 흔들거리면 자신도 모르게 눈길이 가고 가슴이 조마조마해진다. 10년 동안 셀 수 없이 많은 리본을 만들었지만 그에게 모든 리본은 하나하나 특별하다.

"나는 노란 리본을 수천 개, 수만 개를 만들지만, 리본을 가져간 사람에게 그 리본은 유일한 하나의 리본이니까요. 자신의 리본을 하나 가지게 되는 거니까요. 거기에 초점을 맞추고 일을 하는 거예요. 잊지 말아 달라고 하는 게 제일 커요. 리본을 보면서 '옛날에 세월호참사가 있었지' 하는 게 아니라 '아, 아직 해결이 안 됐는데 잊지 말아야지' 하고 생각하기를 바라요. 리본을 받는 사람들은 기억하고 싶고, 기억한다는 걸 표시하고 싶은 거잖아요. 또 사람마다 보고 느끼는 게 다르고 자기만의 이야깃거리가 있을 테니까. 그 이야기를 같이 떠올리면 좋겠어요. 세월호참사에 대한 각자의 기억과 생각이 있을 테니

위   광화문에 있던 세월호 기억공간 '기억과 빛'의 철거를 막기 위해 시민과 유가족들은 피케팅과 시위를 이어갔다. ⓒ안미선

아래   결국 '기억과 빛'은 서울특별시의회 앞으로 이전했다. ⓒ4·16재단

까요. 노란 리본을 받으면 그다음부터는 각자의 이야기가 시작되는 거예요. 리본을 보면 '아직도야?' 하지 말고 '아, 이런 일이 있었어' 하는 느낌으로 봐주고 기억을 해주면 좋겠어요. 그러면 저의 역할은 다한 거고, 감사한 일일 거예요."

그는 코로나19로 사람들을 대면으로 만나기 어려워졌을 때 온라인 공간을 통해 노란 리본을 알려나갔다. 어른들에겐 택배비와 포장비 정도만 받고 리본을 발송했고 청소년들에게는 무료로 나누었다. 노란 봉투에 노란 리본과 스티커, 노란 팔찌를 넣어 보냈다. 그 시기 동안 청소년 2300여 명이 노란 리본을 받겠다고 연락을 해왔다. 많은 사람이 끊임없이 리본을 받겠다고 신청했다.

"어떤 사람은 '저 면허증 따고 새 차 뽑았는데 노란 리본 스티커를 붙일 거예요' 하고 받으러 오세요. 어떤 분은 외국 친구하고 참사를 이야기하고 리본을 나누겠다면서 받아요. 당시엔 어려서 무슨 일인지 몰랐는데 나중에 사실을 알게 됐다며 리본을 달라고 하는 분도 있어요. 학교에서 청소년들이 직접 만들어보겠다며 재료를 받아 가기도 해요. 대부분 그때를 어떻게 기억한다고 정확히 이야기하고 아직 해결이 안 돼서 속상하다고 말하면서 잊지 않겠다고 약속해 주죠."

광화문 광장 노란리본공작소에서 작업할 때는 종일 리본을 만들다가 밤늦게 집에 들어왔다. 식사 준비를 해놓고 아이들이 아침에 학교에 가면 바로 광화문 광장으로 나갔다. 농성장에서 공권력으로 인한 싸움이 있을 때는 새벽이 돼서 집에 온 적도 종종 있었다. '내가 여기를 언제까지 다녀야 하지?' 하는 생각이 들 만큼 몸이 아팠던 적도 있었다. 하지만 그만두겠다는 생각은 해본 적이 없다. '아직 리본을 찾는 사람들이 있으니 만들자' 하고 생각한다.

한강을 지나며 흘린 눈물

"주변에서 그렇게까지 하지 않아도 된다고 말렸어요. 동네 엄마들이 저를 붙잡고 '네가 하지 않아도 세상은 조금씩 나아가는 방향으로 바뀌고 있으니 애쓰지 않아도 돼'라고 말했지요. 하지만 나아지고 있다 해도, 저는 나아갈 거라면 다 같이 잘될 수 있는 방향으로 조금 더 빠르게 나아가면 좋겠다는 생각으로 하는 거예요. 무엇보다 억울한 사람이 없었으면 좋겠어요."

그는 잠시 망설이다 눈시울을 붉히며 이야기를 이었다. 안양의 집에서 광화문을 오갈 때 늘 한강을 지났다. 그때 일은 잘 말하지 않는다고 했다.

"음… 한강을 건널 때였어요. 조금만 더 가면 광화문

인데, 마포대교를 건널 때는 '아, 오늘도 내가 할 수 있는 일을 해야겠다' 생각이 들고 또다시 한강을 건너 돌아올 때면 하루에 쌓인 감정을 하나씩 버리려고 그랬어요. 한강을 기준으로 감정을 하나씩 버려야 내가 조금 더 괜찮은 얼굴로 우리 애들을 볼 수 있었으니까. 처음엔 마음이 너무 슬픈데 우리 애들은 웃고 하니까 그 괴리감에 어떻게 행동해야 할지 몰랐어요. 나중에 한강을 기준으로 감정들을 버리고 엄마로서 역할을 잘하겠다고 마음먹은 거죠. 맨날 울면서 다녔어요. 왜 한강을 가면 눈물이 나는지 그게 힘들었어요. 진짜 힘든 날 밤에는 지하 주차장에서 한동안 마음을 추슬러야 집에 올라갈 수 있었어요. 몸보다 그게 제일 힘들었던 거예요. '나는 열심히 한다고 했는데 왜 이렇게 뭐 하나 나아지는 게 없지? 내가 열심히 한다면 다른 사람도 이만큼 하는 걸 텐데, 시민들도 이렇게 움직여 주고 유가족들도 열심히 하고 있을 텐데, 왜 뭐 하나 되는 게 없지?' 이 생각에 속상하고 복잡한 마음이 드니까, 감정을 조절하는 게 힘들더라고요."

내 가방에는 세월호 기억공간에서 가져온 노란 리본이 달려 있었다. 노란 리본을 볼 때마다 이건 누가 만들었을까 하고 궁금했다. 오늘 그중 한 사람의 얼굴을 보았다. 그 굵은 손가락을, 리본을 나누기 위해 애쓰다 얼굴에 생

긴 붉은 반점을, 눈가에 차오르다가 이내 감추어지는 눈
물을 보았다. 가위질을 오래 해서 엄지와 중지가 휘어지
고 관절 통증이 생겼다는 이야기는 잘 하지 않는다고 했
다. 광화문 광장에서 본 무수한 장면이 지금도 문득문
득 생생히 떠올라 감정을 깊이 건드린다고 했다. 그는 되
도록 말을 아끼고 '오직 리본만 만들었다'고 거듭 말하며
목소리를 낮추었다.

기억의 빛을 빼앗지 마라

양승미 님은 마음을 담아 만들면 상대에게 그 마음이 전
해진다고 믿었다. 리본을 예쁘게 만들려고 애썼다고 했
다. 멀리서 보면 "광화문 농성장 그곳에서 그냥 까만 머
리 하나의 역할"을 했을 뿐이지만 "시민들이 조금만 더
열심히 하면 빛 하나는 보이겠지" 싶었다고 했다. 또 "그
곳에 모였던 이들에게 각자의 이야기가 다 있을 텐데, 그
기억들이 다 같이 모일 수 있는 곳이 있으면" 좋겠다고
도 했다.

  그는 광화문 광장에 있었던 세월호 기억공간 '기억
과 빛'이 그 자리를 떠나야 했던 것에 대해 아쉬움이 있
다. '기억과 빛'은 해체되어 2021년에 서울특별시의회 앞
에 다시 자리 잡았지만, 서울특별시의회로부터 불법 시설
물로 간주되어 강제 철거 위기에 놓았다.

  "시민들이 아직 기억하고 있는데, 광화문 광장에서 잠

깐이라도 기억하고 추모할 수 있는 곳이 갑자기 없
어졌다는 게 제일 슬펐어요. 세월호 기억공간이라는
상징적인 공간이었으니 국가에서 그곳을 어떻게 만
들지 먼저 제안을 해주고 가족들과 협의를 하면 좋
았을 텐데. 광화문 광장은 처음에 유가족이 단식하
던 공간이었고, 사람들이 연대하며 많이 드나든 곳이
었고, 새로운 문화의 공간이었고 특별한 공간이었으
니 한편에 뭔가를 해주면 좋았을 텐데 그걸 안 한 거
죠. 국가적인 재난, 참사라면 국가에서 먼저 기억하
려고 노력해야 하는데 그러지 않으니까 안타깝고 분
노가 생기는 거예요. 왜 그조차 우리가 요구해야 하
는 거죠? '기억과 빛'을 지키는 건 우리의 권리예요."

세월호 기억공간 '기억과 빛'에 찾아갔을 때였다. 바구니
안에 놓인 노란 리본들을 다시 만났다. 그날은 추석이었
고, 오후 4시 16분에 유가족과 활동가, 시민들이 함께 모
여 섰다. 세월호참사 이후 열 번째 추석 상차림을 지냈다.
건너편 시청 앞에는 10·29이태원참사 합동분향소가 있었
다. 참사는 이어졌고 리본의 색깔도 늘어났다. 이태원참
사를 기억하기 위한 보라색 리본도 그곳에 있었다. 시청
역 앞은 연휴를 즐기러 나온 사람들로 붐볐다. 하지만 이
곳에 모인 이들은 얼마 되지 않았다. 버스를 타고 관광
을 하던 몇몇 외국인들은 영문도 모르면서 이쪽을 향해
팔을 흔들고 흥겹게 인사했다. 기억공간 앞에 모인 이들

세월호 기억공간 '기억과 빛'은 서울특별시의회 앞으로 자리를 옮겼지만 또 한 번 철거 위기에 놓여 있다.

위 ©변정정희, 아래 ©안미선

은 참사로 희생된 이들을 위해 묵념을 하고 두 손을 모았다. 기억공간 안에는 희생된 학생들의 사진이 세 벽에 나란히 붙어 있었다. 그 앞에 추석상이 차려졌다. 과일과 떡과 전이 놓였고, 여러 종류의 맥주와 큰 피자도 놓였다.

시민들은 몇 명씩 안에 들어와 종이컵에 맥주를 따르고 사진 앞에서 절을 했다. 돌아서는 이들 중 몇몇은 눈시울을 붉혔다. 사진 속 학생들의 시선은 다 같이 무언가를 묻는 듯했고 답을 기다리는 듯했다. 그날은 '생명안전기본법 제정 국민동의청원'이 5만 명으로 달성된 다음 날이었다. 청원 인원이 과연 채워질지 노심초사하던 활동가들은 이날 목소리를 조금 떨면서 시민들에게 이 반가운 소식을 전했다. 옆에서 "참사들이 연이어 이어지는 이 나라에서 아이들을 계속 키우는 게 맞는 건지 모르겠다"는 한탄도 들렸다.

얼굴이 거뭇해진 한 유가족이 말없이 과일을 깎고 음식을 조각으로 나누었다. 머뭇거리는 참가자들에게 음복을 하라면서 음식을 나눠주었다. "드시면 하늘에 있는 아이들도 기뻐할 거예요." 그렇게 말했다. 조금 금이 가 있던 붉은 수박 조각을 같이 먹었다. 아마, 이런 것이었을 테다. 광화문 농성장에서 그렇게 많은 이들이 오랜 시간 자리를 지키고 무언가를 만들어낼 수 있었던 힘은 이 슬픔과 간절한 기다림에서 왔을 것이다. 노란 리본에 거는 약속처럼 저마다 자신의 다짐을 기억하면서 끝나지 않는 슬픔의 끝을 바라면서 달려가는 것이다. 양승미 님이 인터뷰 마지막에 했던 말이 떠올랐다.

> "광장에 나온 사람들은 다 마음의 상처가 있는 사람
> 이에요. 마음이 아파서 온 사람이잖아요. 사실은 슬
> 픔에 나온 거잖아요. 누구를 위해서가 아니라 자신
> 의 슬픔에 어찌할지 몰라서 나온 거고, 행동하고 싶
> 어서 나온 거예요. 다들 흠결이 있는 사람들끼리 기
> 대면서 옆에서 함께하는 거죠. 세월호참사는 아직
> 해결되지 않은 문제이니 다른 분들도 어떤 형태로든
> 기억을 해주시길 저는 바라는 거예요."

슬픔을 추방한 삶은 거짓이니까

커다란 슬픔 곁에 함께하며 살아가는 법을 우리는 배우
고 있다. '기억과 빛'이 이 광장에 있어야 하는 게 마땅한
일인 건, 슬픔을 추방한 삶은 거짓이기 때문이다. 어둠을
간직하지 않은 빛은 오롯한 빛이 아니기 때문이다. 빼앗
긴 이들의 목소리가 존재하고 함께 슬퍼하는 이들의 노
력이 살아 숨 쉬는 이곳은 우리를 인간으로 만들어주는
곳이다. 죽은 이들이 살아 있는 이들의 이름을 지켜주고
산 자들이 죽은 이들의 이름을 붙잡아 되살려 내는 이곳
은 그날 이후, 우리가 새롭게 살아내는 법을 배우는 자
리다. 사람들은 기꺼이 슬픔을 나누고 희망을 심는 자리
의 일원이 되고자 지금 자기의 몫을 지켜내고 있다. 푸른
물결이 무심히 일렁이는 무참한 자리를 지나면서 우리는

과거와 현재를, 사랑과 꿈을, 눈물과 희망을 단단히 매듭지어 약속했다. 계속 기억하고 지켜내는 사람이 되겠다고, 그래서 이제 가만히 있지 않겠다고, 이전과 다르게 살아내겠다고 결심했다.

팽목항에서, 광화문 광장에서, 세상의 곳곳에서 묶여 펄럭이는 노란 리본들에는 모두 한마디씩의 말이 새겨져 있다. 차가운 기둥에 리본을 묶고, 아끼는 것마다 리본을 붙이고, 자신의 몸에 리본을 단 이들만이 알고 있는 그 한마디들. 사랑하는 몸과 같은 그 한마디 말들이 아직 잊히지 않아 이곳에서 기억은 빛을 잃지 않았다.

위   세월호 기억공간 '기억과 빛'에 차려진 추석 상차림 ©변정정희

아래   '기억과 빛'에는 세월호참사 희생자를 기리는 노란 리본과 이태원참사 희생자를 기리는 보라 리본이 함께 있다. ©변정정희

리본을
다는 게
용기인
세상에서

4·16재단, 가온누리 가족

글 / 박내현

분명 같은 일을 겪고도 기억이 다를 때가 있다. 어떤 기억은 아예 잊히거나, 기억하긴 하지만 선명하지 않기도 하다. 하지만 2014년 4월 16일, 그날의 기억만큼은 모두에게 선명하다. 11월 18일 부천에서 만난 4·16재단 국민발기인 박강희, 김우철 님이 기억하는 그날 역시 비슷했다.

아이들 이름을 걸고

"제가 그날을 생생히 기억하는 게 첫째 가온이가 다섯 살, 유치원 간 지 한 달 정도 될 무렵이었어요. 아직 낯설어서 가기 싫다고 매일 우는 애를 꾸역꾸역 보냈거든요. 그날도 우는 애를 들여보내 놓고 마음이 너무 심란한 채로 집에 왔는데 TV 모니터에 속보가 뜨더라고요. 이게 뭐지? 하다가 솔직히 저는 울고 들어간 가온이 걱정에 애를 다시 데려와야 하나, 하고 멍하니 TV를 켜놓고 있었어요. 두 시간쯤 지났나, 구조가 됐다길래 그런가 보다 했죠. 오후 1시가 돼서 가온이를 데리고 집에 왔는데 실시간으로 뉴스가 계속 바뀌더라고요."(박강희)

가온이와 누리, 연년생 남매를 키우던 박강희 님은 그날의 불안했던 마음이 지금도 생생하다. 이제 막 유치원을 다니기 시작한 아이와 잠시 떨어져 있는 것도 힘들고 못내 아쉬운데 아이를 잃은 부모의 마음이 가장 먼저 생각났다. 직장에 있던 남편 김우철 님도 크게 다르지 않았다.

167

"회사에서 1년에 한 번씩 큰 행사를 해요. 코엑스에서 전시회를 하는데 그때가 딱 첫날이었어요. 첫날이니까 준비할 게 많아서 아침에 나가려고 하는데 뉴스가 나오더라고요. 다 구조됐다고. 정신없이 운전해서 행사장에 도착했는데 갑자기 애들이 죽었다는 거예요. 그러더니 축제라든가 이런 건 다 취소되고 행사도 내부 행사로 조촐하게, 갑자기 바뀌었어요. 행사 때문에 경황이 없기도 했지만 마음이 많이 당황스러웠어요. 처음에는 진짜인가? 사실이야? 그런 생각이 들었던 거 같아요."(김우철)

세월호에 대해 물었을 때, 대부분의 사람이 비슷한 기억을 이야기한다. 뉴스를 보고 당황했고 잠시 후 전원 구조라는 뉴스에 안도했다가 다시 절망했던 그날의 기억을. 너무나도 비현실적인 상황이 믿기지 않았던 박강희 님은 아이들을 데리고 세월호 집회에 나섰다. 동네에 자신과 비슷한 또래의 엄마들도 삼삼오오 모일 일이 있을 때마다 세월호 이야기를 했다. 하지만 어느 순간 같이 분노하던 사람들의 관심이 점점 멀어지는 걸 느꼈다.

"이제 그만하라고 그러더라고요. 저는 아직도 이해가 안 되고 시간이 지날수록 화가 났는데 점점 아무 일도 아닌 것처럼. 이래도 되는 건가, 아무것도 해결되지 않았는데 시간이 지났다고 없던 일처럼 여겨도 되

는 건가 싶었어요. 무력감을 느꼈고 그래서 작은 집
회라도 열리면 찾아갔죠."(박강희)

그렇게 우리 가족만이라도 힘이 닿는 대로 세월호를 잊
지 말자 다짐하며 지내는 동안 4·16재단이 설립됐다. 재
단 설립 소식을 듣고 덜컥 발기인 신청서를 작성한 강희
님은 '박강희'가 아니라 '가온누리 가족'으로 이름을 넣
은 사연을 얘기해 주었다.

"집을 이사하던 시기였어요. 인테리어라든가 이런저런
큰돈이 제 통장에 들어오던 때였거든요. 그런데 마
침 재단 설립 소식을 들은 거예요. 정말 두 번 생각
하지도 않고 발기인 신청을 했어요. 경제활동을 하
지 않던 때니까 저에게는 큰돈이었거든요. 하지만
우철 씨가 동의해 줄 거라는 믿음이 있었어요. 그래
서 제 이름이 아니라, 아이들 이름으로 신청서를 작
성했죠."(박강희)

'관종'이냐며 비아냥거려도

"아이들이 어릴 때는 사실 얘기하기가 조심스러웠어
요. 저희가 안산에 있는 교실에 갔었거든요. 아이들
이 초등학교 저학년일 때였는데 저희 둘 다 엉엉 우
니까 아이들은 영문도 모르고 왜 우냐고 걱정했죠.
초반에는 TV에도 세월호가 침몰하는 장면이 많이

나왔잖아요. 어느 날 가온이가 악몽을 꾸기도 하고 배 타고 싶지 않다고 하더라고요. 그래서 한 2~3년은 애들이 트라우마를 가질까 봐 집 안에서는 최대한 그런 영상을 보지 않으려 했어요. 그런데 아이들이 초등학교에 다니기 시작하니까 학교에서도 1년에 한 번씩 4월이 오면 애들한테 세월호 얘기를 해주더라고요. 그래서 저도 4월 16일이 다가오면 애들 가방에 리본을 하나씩 달아서 학교에 보냈어요."(김우철)

노란 리본을 각별하게 생각하는 김우철 님은 아이들 가방은 물론이고 자신의 물건에도 늘 리본을 달고 다니려고 노력한다. 집의 대문에도 차에도 노란 리본이 붙어 있다. 가끔 사람들이 조심스럽게 혹시 유가족인지를 묻기도 한다. 다른 사람의 눈에는 아무 관련도 없는 김우철 님이 노란 리본을 달고 다니는 것이 의아하게 보일 수도 있다. 간혹 이제 그만 좀 하라며 그의 가방에 달려 있는 리본을 떼려는 사람도 있었다. 혹은 '관종'이냐며 비아냥거리는 이도 있었다.

"관심받고 싶어서 그러냐는 사람도 있어요. 뭐, 상관없어요. 어쨌든 리본을 보는 사람은 기억하잖아요. 한 번이라도 더 세월호를 떠올릴 거고, 이런 사람들이 있다는 것도 알게 되겠죠. 저는 그런 차원에서 리본이라도 계속 달고 다니자, 그런 마음이에요."(김우철)

170

가온누리 가족 집 앞에 붙어 있는 노란 리본 ⓒ가온누리가족

김우철 님은 20대를 그 또래들처럼 치열하게 살았다. 하지만 30대에 들어서 결혼한 후에는 가족들만 생각하며 살았다. 그러던 어느 날 세월호를 마주했고, 자신이 그동안 잘못 살아온 게 아닐까 생각하게 됐다.

"그렇다고 지금 제가 뭘 적극적으로 하고 있는 건 아니에요. 그냥 작게나마 행동해야 될 때가 아닌가, 그런 생각이 들어요. 세월호 이후에 저도 주변을 다시 돌아보게 됐어요. 뉴스를 보면 결국은 세월호 아이들뿐만 아니라 파리바게뜨 노동자라든가 정말 수많은 사람들이 죽지 않아도 될 일에 자꾸 죽어나갔단 말이에요. 답답하지만 아직은 뭘 해야 할지 모르겠어요. 다만 스스로 할 수 있는 일이 있다면, 기회가 생기면 무조건 하려고 해요."(김우철)

하지만 10년이라는 시간은 결코 짧지 않았다. 두 사람의 말처럼 '직접적인 관련이 없는 사람'들이 세월호 이야기를 꾸준히 하는 것도 쉽지 않았다. 시간이 지날수록 함께 얘기할 사람이 없다고 느껴졌고 세상이 달라진다는 생각도 들지 않았다. 그러던 중 올해 2월, 4·16재단에서 열린 발기인 모임에 참석했다.

"유가족, 재단 사람들 외에 일반인은 저희밖에 없더라고요. 어색하기도 하고 부담스럽기도 했어요. 그런데 저희랑 같은 테이블에 계시던 유가족분들이 가온이랑 누리한테 눈을 못 떼시는 거예요. 생각해 보니, 우리 아이들이 떠나간 아이들이랑 이제 비슷한 또래가 되어가는 거잖아요. 그래서 제가 '저희가 아직 기억하고 있어요'라고 말씀을 드렸는데 갑자기 펑펑 우시더라고요. 그래서 이것만 해도 되겠다, 투사처럼 거창하지 않아도 그분들한테 우리 같은 시민이 기억하고 있다는 걸 알려드리는 게 내 소임이구나, 생각했어요. 기억하는 게 뭐 대단한 활동은 아니지만, 나 같은 사람, 그리고 더 많은 사람들이 기억하고 있다는 걸 알려드리자. 그분들이 그걸로 힘을 받으신다면 한 10년, 그래도 잘 왔다고 생각하게 됐어요."(박강희)

4·16재단에서 매번 보내주는 뉴스레터를 꼬박꼬박 챙겨보며 처음의 마음을 잊지 않으려고 애쓰고 있다. 재단의 모든 사업에 참여할 수는 없지만, 매번 그렇게 소식을 보내주는 것만으로도 강희 님에게는 큰 힘이 됐다. 2018년 설립한 4·16재단은 '생명, 안전, 약속'을 슬로건으로 내세우고, '아이들이 마음껏 꿈꾸는 일상이 안전한 사회'를 비전으로 활동한다. 세월호 유가족을 중심으로 가온누리 가족 같은 국민발기인들이 함께 참여해 만들었기에 진상규명 등의 활동도 하지만 공동체 안전강사를 양성하거나 각종 연구, 교육 사업 등을 통해 세월호가 우리 사회에

어떤 의미로 남아야 하는지 고민하는 사업을 중점적으로 진행한다.

이 기억이 세대에 걸쳐 이어지길

엄마, 아빠와 함께 오랜 시간 세월호 관련 행사에 참여했지만 가온이는 주변 친구들과는 한 번도 세월호 얘기를 나눠본 적이 없다고 했다. 그런데 지난달 유튜브에서 세월호 희생자들이 가족에게 남긴 메시지를 모아놓은 영상을 보다가 눈물이 쏟아졌다.

> "갑자기 방에서 나오더니 막 우는 거예요. 막연하게 저희한테 듣기만 하다가 본인이 직접 보니까 마음이 그랬나 봐요. '엄마, 그 형들이 진짜로… 세월호가 이런 일이었어?'라며 말을 못 잇더라고요. '그래. 이런 슬픈 일이 또 일어나면 안 되겠지'라고만 얘기했어요."(박강희)

사실 가온이와 누리 같은 10대에게 세월호는 되레 낯선 일이다. 너무 어릴 적 일어난 일이라 가끔 매체를 통해서, 혹은 학교에서 세월호 이야기를 들어도 그 사건이 나의 삶과 어떻게 연결되어 있는지를 이해하기는 어렵다. 다만 그 이후 한국 사회가 '안전'에 대한 얘기를 많이 하게 됐다는 정도. 그래서 김우철 님은 4·16재단이 다음 세대를 위한 교육이나 사업을 더 많이 해주길 바란다.

4·16재단 발기인 워크숍에 참석한 가온누리 가족 ⓒ가온누리가족

"참 서글픈 생각인데 어차피 저희 세대는 정말 내 자신이나 내 가족한테 위협이 되지 않는 한 움직이지 않았단 말이에요. 그런데 세월호참사 후 딱 1년 정도는 달랐던 것 같아요. 정말 나한테 위험한 일이 생길 수도 있겠구나, 그런 생각이 들었기 때문에 사람들이 폭발적으로 움직였죠. 그런데 이제 어쨌거나 책임자도 구속시키고 했으니까 많은 사람들이 추모는 하되, 나와는 다시 떨어져 있는 일이라고 생각하겠죠. 저는 지금 제가 행동하는 것도 중요하지만 가온이나 누리가 계속 이걸 기억했으면 좋겠어요."(김우철)

가온누리 가족은 작년에 부천 송내도서관에서 준비한 추모행사에 참석했다. 청소년 센터에 속한 청소년들이 직접 준비한 행사여서 어설픈 면도 있었지만 가온이와 누리 또래의 아이들이 세월호 이야기를 나눈다는 것만으로도 의미가 있었다. 세월호참사는 2014년만의 일이 아니라는 걸 작년 이태원참사를 보면서도 느꼈기 때문에, 지금의 청소년들과 청년들이 사회적 안전에 대해 지속적으로 고민을 이어가고 행동할 수 있어야 한다는 생각이다.

"이런 얘기하면 진짜 옛날 사람이지만 예전에는 그래도 낭만이 좀 있었잖아요. 그런데 사실 내가 여유가 있어야 주변을 둘러보는데 요즘은 다들 힘드니까 그런 여유가 없는 거예요. 각자도생이랄까요. 사

2022년 송내도서관 세월호 추모 행사에 참여한 누리 ⓒ가온누리가족

람들이 본인 내면의 힘을 길러서 세상이 아무리 각박해도 여유를 갖고 세상을 바라볼 수 있었으면 좋겠어요. 아이들이 저희처럼 오지랖은 안 부려도 되지만 건전한 이기주의자, 주변의 불안에 휘둘리지 않고 최소한 남에게 해 끼치지 않는 사람으로 자랐으면 좋겠어요."(박강희)

낭만이 있는 세상. 박강희 님은 누가 시켜서도 아니고, 같이하자고 손을 잡은 것도 아니고 그저 스스로 이거라도 하지 않으면 답답해서 세월호 연대를 시작했다고 말했다. 다행히 남편도 같은 마음이었고 아이들도 같이해준 것이 자신에게는 위로였다고. 사람들은 자기를 둘러싼 세상이 불안하고 위험하다고 느껴질수록 주위를 둘러보지 못한다. 하지만 박강희 님은 그럴 때마다 자기를 필요로 하는 곳으로 갔다.

리본을 다는 게 용기인 세상에서

1월부터 박강희 님과 김우철 님은 달리기를 시작했다.

"1킬로 뛸 때는 죽을 것 같았고, 겨우 2킬로 뛰고 나서도 그래 오늘 잘했어, 훌륭해 그랬는데 어느덧 10킬로를 뛰고 있더라고요. 그게 열 달 걸렸어요. 그렇게 한 발 한 발 뛰면서 그냥 내 경험이구나. 내가 느끼는 경험이고 내가 느끼는 가치고, 결국 내가

스스로 딛는 발걸음이구나 싶었어요."(박강희)

10킬로미터를 뛸 때까지 내디딘 한 걸음 한 걸음이 있었듯이 지난 시간, 세월호 문제에 연대할 수 있었던 것도 그렇게 쌓아온 날들이 있었기 때문이다. 매일 노란 리본을 새롭게 고쳐 달고, 누가 뭐라 하든 휘둘리지 않고 자신의 자리를 지키면서 보내온 하루하루. 박강희 님은 4·16재단이 꾸준히 소식을 알려주고 잊지 않을 수 있게 해줬다고 말하지만 4·16재단 역시 국민발기인 가온누리 가족이 있어 그 시간을 지나올 수 있었다.

박강희, 김우철 님처럼 '아무 관련도 없는 사람'들 덕분에 세월호는 '그들만의 일'로 머무르지 않을 수 있었고, 평범한 소시민들이 모여 2014년의 시간을 2024년까지 이어올 수 있었다. 리본을 다는 작은 일조차 용기가 필요한 세상에서 불안해하지 않고 낭만이 있는 세상으로 가기 위해 앞으로도 수많은 소시민들이 그 시간을 이어갈 것이다.

안전지대가 되겠다는 약속

4·16생명안전공원, 조선재

글 / 희정

4·16생명안전공원 부지로 가는 길, 가방을 뒤적였다. 휴지가 없다. 눈물이 나면 어쩌지. 콧물도 훌쩍일 텐데. 가방 안쪽으로 손을 넣어 더듬다가, 내가 지금 이런 사소한 걱정이나 할 때인가 싶다. 추모 예배에 가는 길이다. 신봉하는 종교가 없는지라, 참사 관련 추모 예배에 참석해 본 경험이 없다. 수백 개의 죽음을 애도하는 자리라니. 막연한 무게감이 나를 짓눌렀다.

공원 부지 주차장을 따라오면 예배 장소가 보인다고 했는데. 알려준 길을 짚을 새도 없이 공원에 들어서자 노란 간이 의자가 눈에 들어온다. 저기서 예배를 보는구나. 봄, 개나리, 유치원… 시작을 연상시키던 노란색이 다른 의미로 새겨진 지 10년.

잎사귀를 지붕 삼아 열리는 예배

2014년 4월 16일, 그날 이후 사람들은 신에게 기도했다. 사라진 이들을 기억하기 위해, 애도하기 위해, 그리고 '안온하다'고 믿었던 일상이 흔들리는 가운데 자신을 부여잡기 위해. 처음에는 분향소에서 기도를 올렸다. 팽목항에서, 광화문에서, 청와대 앞에서… 거리 곳곳에서. 그리고 2015년부터는 안산 합동분향소 앞 주차장 부지에 가건물(컨테이너)을 세워 기독교인들의 예배실로 삼았다.

2018년 합동분향소가 철거될 때 예배실도 함께 사라졌다. 하지만 사람들은 떠나지 않았다. 지금도 매월 첫째 주 일요일에 하늘 아래에서 예배가 열린다. 예배는 그

달과 같은 숫자를 가진 반 아이들의 이름을 부르는 것으로 시작한다. 1반, 2반… 그렇게 겨울이 가고 3반, 4반, 5반… 봄이 온다. 앙상한 가지와 푸르른 잎사귀, 떨어지는 낙엽이 지붕을 대신한다. 내가 찾아산 날은 11월. 얼개의 교실을 지나 단원고 선생님들을 기억하는 달이다.

김초원 선생님, 남윤철 선생님, 박육근 선생님, 양승진 선생님… 선생님들의 이름을 하나씩 부른다. 그 시간이 어떤 기도문 낭독보다 엄숙하다. 한 사람의 이름이 불리고 기억되는 일의 가치를 아는 사람들이다. 그러니 10년 가까이 자리를 지킬 수 있었다.

마음 편하게 웃을 수 있는 공간

조선재 님, 그도 자리를 지키는 사람이다.

"저는 생명안전공원 부지에서 세월호 가족들과 함께 예배드리고 있는 안산시민입니다."

누군가의 가족이자 직장인. 그리고 안산 지역 시민이다.

"세월호참사가 있기 전까진 저는 행동하는 시민은 아니었어요. 수원이나 안양만 됐어도 이렇게까진 못했을 거예요. 그냥 아파하고 그러다가 잊고 지냈을 것 같아요. 그런데 세월호참사는 안산이라는 지역사회의 일이었기에 지금까지 올 수 있었던 것 같아요."

182

매월 첫째 주 일요일 5시, 4·16생명안전공원 부지에서 예배가 열린다. ⓒ조선재

집을 오가는 길에 분향소가 있었고, 분향소에서 예배가 열렸다. 그리스도인이자 교회 집사였던 그는 예배 소식을 듣고 분향소 한편의 기독교부스를 찾아갔다. 그 걸음이 10년째 이어지고 있다.

"생명안전공원 예배가 좀 독특한 것이, 보통 교회는 목사님이 설교하잖아요. 그런데 우리는 말씀 읽고 같이 나눔을 하거든요. 서로의 이야기를 들으며 깨닫고. (세월호) 가족들의 말씀 나눔은 어떤 설교보다 깊고 잔잔한 울림이 있어요."

이야기를 듣는 시간이 쌓여 어느새 서로의 마음을 살피는 사이가 되었다.

"세월호참사 초에 가족들이 눈치를 많이 봤어요. 사람이 웃을 수도 있는데, 그러면 손가락질당하고 공격받아서 마음 편하게 웃지도 못했어요. 생명안전공원 예배는 언제나 눈물과 웃음이 가득한 시간들이었어요. 그게 제겐 기쁨이었어요. 그분들이 마음 편하게 웃을 수 있는 공간이라는 게."

휴지 걱정을 하던 것이 무색하게 예배는 잔잔한 웃음으로 채워졌다. 간식 준비한 사람을 소개하며 웃고, 자유발언을 할 사람을 찾으며 웃고, 누군가의 농담으로 웃고.

184

예배의 시작은 세월호참사 희생 학생과 교사들의 이름을 부르는 것으로. ⓒ조선재

그런데 그는 같이 웃을 시간도 없어 보였다. 예배 내내 사진을 찍고 영상 촬영을 했다. 예배가 끝난 후에는 의자를 정리하고 짐 정리를 하는 무리에 섞였다. 예배팀에서 집사로 불리는 사람. 그런 그가 한 발 깊숙이 세월호 문제에 들어온 것은 '약속을 지키지 않은 이들' 때문이었다.

아이들 분향소 앞에서 거짓을 말할 수 있나요?

"세월호 10년 중에서도 전반부에는 분향소 예배만 드렸어요. 단원고 교실 존치 때문에 교육청 앞에서 피케팅은 했어도, 청와대 가서 1인 시위하고 광화문까지 가고 그러진 않았거든요. 그때는 조용히 예배팀 옆에서 서포트만 했어요."

그가 구분 짓기론 후반부, 2018년부터 점차 반경을 넓혀갔다.

"4주기 때 영결식하고 분향소가 철거되었거든요. 문재인 정부가 진상규명을 하겠다고 공약을 해서 기다렸던 거예요. 호언장담을 했으니 약속을 지키는지 모니터링하고 지켜보는 시간이었어요. 그런데 문재인 정부 출범한 지 2년이 지나도 진도가 안 나가는 거예요. 전면 재수사 의지도 없고. 그래서 그때부터 공약을 지켜라, 진상규명 약속 이행하라 하면서 청와대 앞에서 피켓도 들고, 합창단 활동도 하면서 광

4·16생명안전공원 부지에서 열리는 예배에는 그 어떤 설교보다 귀하다는 세월호
가족들의 말씀 나눔 시간이 있다. ©조선재

화문으로 밖으로 그렇게 나가게 된 거죠."

조선재 님은 물었다. 어떻게 아이들 분향소 앞에서 거짓을 말할 수 있나요?

"성경은 '약속의 연속'이에요. 구약은 오래된 약속, 신약은 새로운 약속. 하지만 현실의 우리는 말로는 약속한다고 하지만, 약속에 민감하지 않죠. 우리 사회의 딜레마 중 하나인 거예요."

조선재 님은 성경 구절 하나를 읊는다.

"오직 너희 말은 옳다 옳다, 아니라 아니라 하라. 이에서 지나는 것은 악으로부터 좇아나느니라."

마태복음 5장 37절. 성경을 모르는 나를 위해 그는 설명을 덧붙인다.

"영어 성경에는 'Simply let your 'yes' be 'yes' and your 'no', 'no'라고 되어 있는데 직역하면 '네가 예스라 말한 것은 예스가 되게 하고 노우라고 말한 것은 노우가 되게 하라는 것이죠. 자신이 한 말을 바꾸지 말고 언행일치하란 의미로 저는 이해합니다. 일례로 문재인 전 대통령은 수없이 '완전한 세월호 진상

188

안산과 서울을 오가며 세월호 진상규명을 촉구하는 피케팅을 한 조선재 ⓒ조선재

규명 하겠다' 공언했습니다. 그의 말을 이 성경 말씀
에 적용해 보면, 자기 입으로 완전한 진상규명을 약
속했으니 현실에서도 완전한 진상규명이 되게 해야
한다는 것입니다. 하지만 문재인 정부의 세월호 성적
표는 '완전한'에 근처에도 못 가는 낙제점이었어요."

약속을 지키라는 의미로 피켓을 들었다. "침몰 원인을 아
직도 모르잖아요." 예배팀의 조 집사를 만나러 간 것이니
애도와 기도에 관해 묻고 싶었는데 그는 고개를 젓는다.

"나는 지금 싸우고 있다고 생각을 하거든요. 크게 두
가지인데 세월호참사의 진실을 찾기 위한 싸움, 그
리고 추모 공원 공약을 관철하기 위한 싸움. 그 중
요한 두 가지 싸움을 안고 10주기까지는 최선을 다
해서 한번 달려보자 합니다."

첫 삽조차 뜨질 못했다

안산으로 가는 길, 보수단체가 내건 현수막을 보았다.
'세월호 추모 시설 건립 반대.' 정부는 2022년까지 세월
호 추모 공원(4·16생명안전공원)을 조성한다고 약속했다. 그
러나 5년이 지난 지금, 공원은 부지로만 덩그러니 존재한
다. 이를 개탄하며 사람들은 말했다. "첫 삽조차 뜨질 못
했다." 착공도 이뤄지지 않은 것이다.

예산이 확보된 상황에서도 정부와 시 지자체는 착공

을 미적거리고, 그러는 사이 물가 상승으로 자재비와 공사비가 올라 정해둔 예산을 초과했다. 기재부는 이를 근거로 사업비 적정성 재검토가 필요하다며 6개월간의 타당성 조사에 들어갔다. 또 그렇게 착공이 연기되었다.

예배팀의 이름을 이제야 밝히자면, 4·16생명안전공원 예배팀. 처음 접했을 때는 어색한 이름이라고 생각했다. 4·16교회, 세월호 예배팀… 이런 명칭이 더 잘 어울릴 텐데. 그러나 4·16생명안전공원(이하 생명안전공원)이 처한 상황을 알기에 확인하듯 물었다.

"생명안전공원이 건립되길 바라는 마음으로 예배팀 이름을 지은 건가요?"

그는 당연한 일이라는 듯 응수했다.

"처음 예배를 드릴 때는 이름도 없었죠. 분향소가 사라진 이후로는 생명안전공원 부지에서 계속 예배를 드렸기 때문에, 자연스레 그 이름으로 자리 잡게 된 거죠."

예배팀은 세월호 가족들이 마음 놓고 웃을 수 있는 공동체만 지킨 게 아니었다. 생명안전공원이 자리할 그곳을 멈춤 없이 지켰다.

"그곳에서 예배를 드린 이유도 진상규명을 놓지 않기
위한 게 가장 컸고, 동시에 추모 공원 사업의 의미를
계속 살려나가자는 취지가 있었어요."

예배팀 이들이 없었다면, 그리고 이곳에서 세월호 문화제
가 열릴 때마다 먼 길을 달려오는 사람들이 없었다면, 추
모 공원은 부지조차 지금보다 더 외진 곳에 자리했을지
모른다. 생명안전공원은 안산 시민들이 애용한다는 화랑
유원지 안에 조성될 계획이다.

영구히 슬픔과 추모를 강요하지 마라

화랑유원지. 캠핑장과 미술관, 산책로가 있는 안산 시민
들의 휴식처. 보수 성향을 띤 단체는 이곳에 추모 공원이
세워지는 것을 반대한다. 그들의 주장은 이러했다. '화랑
유원지는 안산시민들의 휴식 공간으로 사랑받는 공원'인
데, 그곳에 '영구히 국민들에게 슬픔과 추모를 강요'하는
'납골당'이 들어오는 것을 반대한다.

세월호 유가족을 비롯해 추모 공간을 조성하고자 하
는 이들은 생명안전공원이 비석이 줄지어진 추모 시설이
아니라고 한다. 참사의 아픔은 눈물로 곱씹어지는 것이
아니다. 그날의 기억을 공유하고, 서로를 치유하고, 참사
가 우리에게 던진 질문을 더듬는 공간으로 지역사회에 녹
아들 수 있도록 생명안전공원을 디자인하려 애쓴 시간이
있다. 사람들이 한가로이 '기억의 숲'을 거닐며 산책하고

가족 단위로 소풍을 즐기는 그런 공간. 10년 전 단원고 학생들과 그 가족들이 유원지였던 이곳에서 그러했듯이.

　　사람들은 아픔을 기억하는 것을 불편한 일이라 생각한다. '산 사람은 살아야지'라는 말이 익숙하다. 그런데 산 사람은 앞으로 어떤 세상에서 살아야 하는가? 추모와 애도는 이 질문에 답을 하는 시간이다. 기도는 그 속에서 이루어진다.

　　"10년 가까이 함께하시는 분들은 신앙의 유무와 상관없이 세월호참사를 내 일로 받아들이는 경향이 있어요. 그 가족들에게 부채 의식을 느끼고요. 내 아이가 그렇게 될 수도 있었으니까요. 빚을 갚아야 하는데 어떻게 갚겠어요? 가족들이 원하는 것이 목소리를 같이 내고 행동하는 거 아니겠어요?"

안산에 산다는 이유로 처음 세월호 분향소를 찾았다는 조선재 님이 추모 공원 설립에 애를 태우는 이유이다. 감정의 진폭은 달라졌어도 그가 움직이는 이유는 같다. 내 곁에서 일어난 일이다. 시민들의 유원지는 봄이면 노란빛을 띨 것이다. 10년 전 봄, 이곳에 합동분향소가 세워질지 아무도 몰랐다. 참사는 불운한 일이지만 불운한 누군가에게만 닥치는 일은 아니다. 그리고 누군들, 세월호 10주기가 다가오는 이 시점까지, 추모 공원이 유원지 한가운데 허허벌판으로 존재할 줄 알았을까.

10주기가 중요하다고 생각합니다

자신이 피켓을 든 이유를 말하며 "아무것도 해결된 게 없잖아요?"라고 격양된 어조로 묻던 그였다. 조선재는 예배 때 만나는 이들을 세월호 유가족이라 부르지 않았다. 세월호 가족이라고 했다. 그것은 매달, 매주 가족들을 만나온 그와 그렇지 못한 나의 차이일 것이다.

"세월호 100일, 세월호 1000일, 2000일, 3000일. 그때마다 문화제도 징글징글하게 많이 했어요. 어떻게든 자리를 만들고, 기억해야 할 날로 삼아서. 그렇게 많은 날을 보냈는데, 손에 쥔 게 없는 것 같은…. 저는 공대 출신이기 때문에, 인풋이 있으면 아웃풋이 나와야 직성이 풀리나 봐요. 생명안전공원이라는 아웃풋이 나오려고 하는 타이밍인데, 고지를 눈앞에 두고도 한 발짝을 떼지 못하는 기분이에요."

예배팀 활동만 하는 것이 아니다. 예배를 함께한 이 중 50명을 저자로 하여 '그리스도와 세월호'라는 주제로 책 《포기할 수 없는 약속》(416생명안전공원 예배팀, 새물결플러스, 2023)을 엮었다. 그 책을 이고 지고 전국으로 북토크를 다닌다. 그걸로 끝이 아니다. 세월호 침몰의 진실을 찾고 싶어 각종 위원회 보고서를 읽으며 자체 연구를 한다고 했다. "그러니 예배는 하나도 안 힘들어요." 매달 예배를 준비하는 노고를 칭하자 그가 한 말이다. 많은 것을 했

으나 첫 삽을 뜨지 못한 공원처럼 손에 잡히는 것이 없다
는 생각에 초조해진다.

> "10주기가 중요하다고 생각합니다. 또 한 번 세월호
> 문제가 조명받을 수 있는 시간이니까요."

10주기까지는 최선을 다해서 한번 달려보겠다고 했다.
지쳤으나, 의지를 놓을 순 없다. 그러니 이번이 마지막이
라는 생각으로 자신을 붙잡는다.

내 이웃의 안전지대

4·16생명안전공원. 명칭에 '안전'이라는 두 글자가 들어
갔다. 이때의 안전은 단지 위험이 닥치지 않았다는 의미
가 아니다. 앞서 언급한 《포기할 수 없는 약속》에서 기
도문 한 구절을 가져온다.

> "이곳에 세워질 4·16생명안전공원은… 시대의 약자들
> 을 품으며 기꺼이 그들의 이웃이 되어 줄 수 있는
> 샬롬의 안전지대가 되게 하시옵소서."

예배팀 이야기를 하던 그가 "세월호 가족들이 마음 편하
게 웃을 수 있는 공간이라는 게 기쁨이에요"라고 했을
때, 나는 머릿속에 떠오른 단어를 말했다.
"안전한 공간이군요."

서로가 이웃이 되어줄 때 우리는 안전하다. '조만간' 세워질 생명안전공원이지만, 오래전부터 그곳에는 서로를 이웃 삼아 안전지대를 만들어 온 사람들이 있었다. 세월호 참사를 기억하는 공원을 세우려고 하는 것은 영구히 슬픔에 빠지고자 하는 일이 아니다. 서로의 이웃이 되어주자는 약속을 기억하는 일이다.

《포기할 수 없는 약속》의 부제는 '세월호, 그 곁에 남은 그리스도인들의 이야기'. 세월호 유가족과 함께 비를 맞으며 곁을 내준 이들이 써 내려간 이야기다. ⓒ조선재

2장

10년의

기억을 품은

사람들

우리의
세월을
잇는
바람이 될게

단원고 생존자 유가영·설수빈

글 / 박내현

단원고. 세월호를 떠올리면 함께 생각나는 이름이다. 2014년 4월 16일 세월호에 탑승했던 단원고 학생은 총 325명. 수학여행을 떠난 날로부터 두 달이 지나서야 학교에 돌아온 생존 학생은 그중 75명. 10년이 흘러 이제는 20대 후반이 된 유가영, 설수빈 님을 안산에서 만났다.

대학교 4학년 때부터 학교 근처에서 자취를 시작한 가영 님은 서울에, 수빈 님은 직장이 있는 안산에 살고 있다. 단원고 생존자 인터뷰는 한참 동안 나서는 이가 없었고 그래서 함께 인터뷰에 응해준 두 사람의 관계가 궁금했다.

"다른 반이었어요. 서로 1학년 때는 아예 본 적 없고 2학년 때는 친구의 친구 정도로 얼굴만 본 거 같아요. 세월호가 학기 초였으니까 알게 될 시간도 없었죠. 그러다가 병원에 입원했을 때 다른 애들은 다 병동이 비슷했는데 저는 병실이 없어서 산부인과 병동인가에 있었거든요. 그래서 다른 친구 있는 병동으로 건너가곤 했는데 그때 친해졌어요."(설수빈)

"저도 처음에는 외부인 많은 병동에 있었어요. 그러다 병동을 옮겼는데 그때 수빈이가 아는 친구 따라 제 병실에 왔더라고요. 그때 같이 입원했던 친구들끼리 시간을 많이 보냈으니까 그렇게 무리가 형성됐던 거죠."(유가영)

그렇게 서로를 알게 된 친구들은 그 뒤로도 상담이나 이러저런 행사에 참여하면서 인연을 이어갔다. 하지만 유가족협의회처럼 75명의 생존 학생이 어떤 이름으로 뭉쳐 있지는 않았다. 진학이나 취업 등으로 더는 안산에 살지 않는 사람들도 있어서 자주 만나지는 못하지만 단원고 생존 학생들의 쉼터였던 공간 '쉼표'의 선생님들이 가끔 부르면 시간이 되는 사람들이 들러 얼굴을 보기도 했다. 10년이라는 시간 동안 각자의 삶에는 여러 변화가 있었다.

후련해지고 싶지 않을 수도 있잖아요

설수빈 님은 대학에서 일본어를 전공했지만 주변의 제안으로 안산에 있는 기획사에서 일하고 있다. 행사를 기획하는 일이 주 업무지만 디자인이나 홍보, 영상 편집까지 많은 일을 해낸다. 가영 님은 심리학을 전공하고 뉴질랜드로 워킹홀리데이를 다녀오기도 했고 지금은 취업을 준비하며 아르바이트를 하고 있다.

> "이번에 친구들이 말하기 모임 같은 거 만들어서 몇 번 하더라고요. 올해 초부터인가 중반부터인가 해서 꾸준히 하고 있는 것 같긴 한데 저는 처음에 한 번 참여하고 나서는 안 했어요. 서울이나 안산 어딘가에서 했는데 시간이 잘 안 맞기도 했고 가서도 뭔가 이 사람들 앞에서 내 이야기를 꼭 해야 될까 싶기도 했어요. 아마 저는 제 나름대로 마음 정리를 다 끝

유가영 님은 《바람이 되어 살아낼게》 출간 이후 여러 도시에서 북토크를 진행했다.
©유가영

냈기 때문에 그렇게 생각한 것 같아요."(유가영)

유가영 님은 2023년 4월 《바람이 되어 살아낼게》(유가영, 다른, 2023)라는 제목의 책을 출간하며 처음으로 세월호 생존 학생의 이야기를 알렸다. 책이 나온 이후 여러 매체와 인터뷰를 하거나 북토크 자리를 가졌고 그러면서 자신의 마음을 많이 정리할 수 있었다고 한다.

> "책을 쓰면서 정리된 것도 있고 인터뷰도 하다 보면 생각 정리가 좀 되거든요. 사람들이 하는 질문이 다르기도 하지만 비슷비슷하기도 해서. 반복해서 대답하다 보면 어, 내가 이런 생각을 했었구나, 하고 알게 되면서 생각이 정리되더라고요."(유가영)

하지만 설수빈 님은 아직 친구의 책을 읽지 못했다. 먼저 책을 읽은 다른 친구가 울었다는 얘기를 들었고 자신도 책의 앞부분을 조금 읽었지만 결국 다 읽지는 못했다. 아직 울 준비가 되지 않았다는 생각이 들었다.

> "읽어야 한다고 생각하지만 뭔가 슬플 거 같아서요. 울어버리면 후련해질 수도 있지만, 후련해지고 싶지 않을 수도 있잖아요. 처음에 단원고 약전인가요, 친구들 얘기가 쭉 담겨 있던. 그 책이 세월호 관련해서 읽은 유일한 책이에요. 1번부터 책꽂이에 순서대로

쭉 꽂혀 있었는데 그때도 많이 울었거든요. 그 뒤로
는 읽지 않았어요."(설수빈)

설수빈 님도 취업 전에는 몇몇 친구들과 함께 '메모리아'
라는 모임을 만들어 주기별로 기억 물품이나 엽서를 만
들었다. 생존자라는 이름으로 인터뷰에 응하기도 했다.
가족협의회 일을 잠시 하면서 세월호 관련 기록을 취합하
고 정리하기도 했다. 취업한 이후 바빠지면서 자연스럽게
친구들과의 모임도 뜸해졌지만 지금 다니는 회사에서도
세월호 관련 프로그램을 기획했다.

　'고잔동 마을여행'이라는 이름으로 진행되는 프로그
램으로 단원고와 그 주변을 시민들과 함께 탐방하면서
단원고 학생들의 실제 등하굣길을 둘러보기도 하고 거리
에서 연극을 하기도 한다. 연극의 주인공은 단원고 학생
과 이웃 할아버지 등이고, 그들이 누렸을 평범한 일상을
담고 있다. 그렇게 시민들이 한 번 더 세월호를 기억할 수
있도록, 단원고 학생들이 그해 봄, 4월이 오기 전에 어떤
삶을 살았을지를 떠올려 볼 수 있게 해준다.

　또 설수빈 님은 비영리 단체 '운디드힐러(Wounded-
Healer)'에서 어린이들에게 트라우마를 교육하기 위한 그
림책 《괜찮아질 거야》를 제작할 때 그림 작가로 참여하
기도 했다. 운디드힐러는 심리학을 전공한 가영 님이 마
음건강센터에서 인턴 생활을 하면서 만난 단원고 생존자
친구들과 함께 만든 단체로 현재는 세월호와 무관하더

라도 트라우마에 관심이 있거나 개인적 트라우마를 갖고 있는 다양한 청년들이 함께 모여 활동하는 곳이다. 전문가의 자문을 받아 만든 그림책으로 어린이를 위한 인형극을 진행하기도 했고 지금은 심리 치유용 보드게임을 제작하고 있다.

이태원에서 또 친구들을 잃었지만

운디드힐러는 2022년 이태원참사가 일어났을 때에도 함께 참사 현장과 분향소를 방문하고 인스타그램 계정을 만들어 추모하고 기억하는 글을 남겼다.

> "운디드힐러 사이에서도 이걸 어떻게 하지? 우리가 도움을 줘야 하나? 이런 얘기를 많이 했어요. 비슷한 또래잖아요."(유가영)

이태원을 둘러싼 혐오 발언을 보며 세월호 때와 크게 달라지지 않았다는 생각이 들기도 했다. 아직 1년이 조금 지났을 뿐이라 정도의 차이는 있을지 몰라도 세월호 특별법(4·16세월호참사 진상규명 및 안전사회 건설 등을 위한 특별법)이 만들어지던 시기 인터넷 기사에 달렸던 어떤 댓글들은 아직도 잊을 수 없을 정도로 큰 상처가 되었다. 하지만 그때나 지금이나 국가는 책임을 회피하기에 급급하다는 느낌이다.

위   설수빈 님이 '메모리아' 활동에서 만든 엽서 ©설수빈
아래   '운디드힐러'에서 제작한 어린이 트라우마 교육용 그림책 《괜찮아질 거야》
©유가영

"국가가 뭘 해준 건 없다고 생각해요. 보상도 저희가 노력해서 쟁취한 거죠. 이태원참사를 봐도 여전히 국가가 저희를 지켜준다, 보호해 준다, 그런 느낌은 없는 것 같아요."(설수빈)

쟁취했다고 표현하지만, 당시 미성년자였던 단원고 생존학생들은 직접 할 수 있는 일이 많지 않았다. 제대로 된 정보를 접하기도 어려웠고 의사결정도 대체로 당사자보다는 보호자, 혹은 대리인을 통해 이뤄졌다. 트라우마가 심했던 미성년의 학생들을 보호하기 위한 조치였지만 아쉬움도 남는다. 참사 당시뿐만 아니라 성인이 된 이후에도 정신적 치료나 지원이 필요한 경우도 많다. 그렇지만 국가는 세월호참사로 인한 정신적 피해를 영구적 재해로 인정하지 않고 있으며, 이에 대한 적절한 의료 지원도 없어 이들은 여전히 소송 중이다.

"적극적으로 해준 건 없지만, 저희가 노력해서 만들어 낸 것만이라도 좋은 선례로 남았으면 좋겠다는 마음이 있어요. 근데 거의 10년이 되어가는데 지금도 똑같은 일이 일어나고 또 똑같은 반응을 한다는 게 회의감이 들죠. 그래도 주변에 젊은 세대들 만나서 얘기해 보면 긍정적으로 얘기해 주는 사람이 많아서 다행이라는 생각도 들어요. 이렇게 반복해서 참사가 일어나는 것에 대해서 우리가 생각해 봐야 한다, 어

떻게든 잘 해결해야 한다고 말하는 사람들도 있잖아
요."(유가영)

살아남은 자로 살아낸다는 것

세월호 이후 이태원까지, 변한 게 없는 것 같지만 또 분명
히 변한 것들도 있다. 그러나 수빈 님과 가영 님에게 단
원고 생존자라는 정체성은 변하지 않는 사실이기도 하다.
특히 생존자라는 이름으로 책을 출판했지만 얼굴이 공개
되는 것만은 극구 거부했던 가영 님의 이유가 궁금했다.

"책 나오고 인터뷰를 진짜 많이 했는데 정면이 안 나
오게 하려고 엄청 애썼어요. 그냥 싫었어요. 개인 정
보 얻기도 정말 쉽고 털리기도 쉽고, 저는 밖에 나가
서 돌아다니는 것도 좋아하는 편이라 사람들이 알
아보는 게 싫더라고요. 근데 그것도 부질 없긴 해요.
요즘 책을 잘 안 읽잖아요. 제 이름이 흔하지 않아서
알아볼 줄 알았는데 아니더라고요.(웃음)"(유가영)

운디드힐러를 운영하면서 국제 NGO단체에서 구호 활동
을 하고 싶다는 소망이 생겼지만, 그곳에 지원하려면 운
디드힐러 활동을 경력으로 적어야 하고, 그러려면 세월호
이야기까지 해야 할 것 같아 망설여진다.

"'이 사람들이 결국에 나를 알아내면 어쩌지'라는 생

각이 들더라고요. 저는 회사 사람들 모두가 제가 세월호 생존자라는 걸 알게 되는, 그런 상황은 원하지 않거든요. 또 이게 특혜라고 생각할 수도 있잖아요. 나는 그곳에 그런 방식으로 들어가고 싶지는 않은데, 다른 사람들은 또 이걸 특혜라고 생각할 수도 있으니까. 그래서 그냥 깡그리 다른 쪽으로 알아보고 있어요. 좀 숨기고 싶단 생각이 들어요. 생존자 유가영이 아니라 그냥 회사 동료 유가영. 이렇게 봐줬으면 좋겠는데. 괜히 사람들이 선입견 가질까봐."(유가영)

묻지 않는 사람에게 말할 필요도 없지만, 사실 숨길 일도 아니다. 겪어보지 않은 사람은 그렇게 쉽게 말할 수 있다. 하지만 참사 이후 한동안 안산에 산다든가 단원고에 다닌다고 말하기만 해도 사람들의 표정이 바뀌는 걸 느껴야 했던 당사자들에게는 그리 쉬운 일이 아니다.

"생존자라는 정체성이 나에게 엄청 크다고 생각하진 않아요. 하지만… 살아 있으니까 할 수 있는 게 많았다, 하는 건 있어요. 그래서 막 기쁘다가도 친구들 생각 한 번 하게 되고. 내가 지금처럼 성인이 되고 취직을 하고 해외여행을 가는 것도 살아 있으니까 할 수 있다. 근데 내 친구들은 못 해봤으니까 그런 생각을 한 번씩 하게 되는 건 분명 있죠."(설수빈)

210

우리의 세월을 잇는 바람이 될게

열여덟 살에 멈춰 선 친구들은 앞으로도 해볼 수 없을 일들을 가영 님과 수빈 님, 그리고 각자의 자리에서 살아가는 73명의 친구들 역시 경험하게 될 것이다. 그리고 그때마다 지금처럼 살아 있으니 할 수 있는 것이라 생각할 수도, 어쩌면 무심하게 열심히 살아낼지도 모른다.

생존자 수기가 아닌 나의 이야기

설수빈 님은 지금 다니는 직장에서 하는 일들을 좀 더 전문적으로 공부하고 싶은 마음이 있다. 영상 편집이나 디자인, 모두 제대로 배운 적 없이 필요해서 하는 상황이라 만족스럽지 않아 제대로 잘해보고 싶다. 그리고 대학 때 써둔 스토리로 그림책을 하나 내고 싶은 꿈이 있다. 담당 교수님에게 칭찬을 받기도 했고 스스로 생각해도 꼭 세상에 내놓고 싶은 이야기다.

유가영 님은 당장은 다시 외국으로 나가고 싶기도 하고 운디드힐러를 통해 더 많은 활동을 해보고 싶기도 하다. 하지만 길게는 언젠가 다시 책을 쓰고 싶다. 시나 소설이 될 수도 있고 어쩌면 10년 후 자신의 이야기를 다시 쓸지도 모르겠다.

"딱히 작가로 살고 싶다는 마음은 없어요. 이 책은 그냥 내고 싶었기 때문에 낸 거고. 다만 또 낸다면 10년 후, 그때쯤 이 책의 2권을 쓰는 게 좋지 않을까 하는 생각은 있어요. 왜냐면 10년 후, 제 나름의

211

인생이 또 있을 거잖아요. 그런 거를 써보지 않겠냐
고 어느 대학교 교수님이 물어보더라고요. 독일의
아우슈비츠 수용소에 있었던 분들도 젊었을 때부터
늙어 죽을 때까지 그곳에서의 이야기를 몇 번씩 썼
다고 하면서요. 좋을 것 같더라고요."(유가영)

세월호 관련 책을 빠짐없이 읽고 영화나 영상을 찾아보
고 세월호 진상규명이나 추모를 위한 다양한 활동에 참
여했지만, 실제 세월호를 탔던 당사자를 만나는 것은 처
음이었다. 어떤 말을 해야 할까, 어떤 이야기를 나눌 수
있을까. 마음을 무겁게 하던 질문들은 10년이라는 시간
을 통과해 온 두 사람 앞에서 무색해졌다. 우리는 두 시
간 동안 서울의 집값과 사람들이 너무 많아 혼잡한 지하
철을 탈 때마다 느끼는 위태로운 감각과 직장 생활의 힘
겨움을 나눴다. 오랜만에 만난 두 친구는 서로의 안부를
묻고 그동안 밀렸던 수다를 질문 중간중간 쉴 틈 없이
나눴다.

　　유가영 님은 책 속에 뉴질랜드로 워킹홀리데이를 갔
던 이야기를 썼더니 '딸기농장에서 일한 얘기'는 왜 썼냐
는 질문을 받는다고 했다. 세월호 생존자에게 우리가 듣
고 싶은 이야기는 무엇일까. 세월호를 하나의 사건이 아
니라 304명의 사건이라 이야기하는 것처럼, 단원고 생존
자들 역시 각각 75개의 삶으로, 묵직하지만 반짝이는,
때로는 사는 게 너무 피곤하지만 여전히 꿈을 꾸는 오늘

의 이야기로 나아가길. 그래서 언젠가는 유가영 님이 쓴 10년 뒤의 이야기와 설수빈 님이 만들 그림책으로 만날 수 있길 바라본다.

파도
잔잔하우다,
죽지는
않겠네

세월호 일반인 생존자 오용선

글 / 장태린

2023년 10월, 제주 서귀포에서 오용선 님을 만났다. 오용선 님은 화물기사로 일하던 2014년 세월호에 탑승했다가 세월호참사를 겪었다. 당시 함께 탑승했던 제주의 화물기사들은 총 22명. 오용선 님은 2014년 당시 제주생존화물기사모임의 대책위원장을 맡았고, 2020년 2월 발족한 '제주세월호생존자와 그들을 지지하는 모임'(이하 제생지)의 대표로 활동했다. 10주기를 앞둔 지금은 모든 직책을 내려놓고 잠시 휴식을 취하고 있다. 2014년 4월 16일 그날의 기억부터 앞으로의 꿈까지, 오용선 님의 이야기를 전한다. (제주어는 최대한 있는 그대로 전하기 위해 노력했으며 표준어 단어를 병기했다. 글쓴이가 제주어에 능통하지 않아 부족한 부분이 많으리라 생각되며, 독자 여러분께 양해를 구한다.)

바다는 잔잔했고, 모두가 살 수 있었다

"사고 난 날 어땠냐고요? 배에 모니터가 있어요. 거기 GPS가 떠요. 우리가 지금 어느 지점에 있고 어디로 간다 하는 거. 저는 항시 일어나서 그걸 보거든요. 원래 식사가 7시부터 시작하는데 그 전날 방송하기를, '학생들 많으니까, 기사들은 밥을 좀 늦게 먹어라' 하더라고. 나는 7시 10분쯤 일어났나? 학생들이랑 같이 끼어서 밥 먹고, 담배 하나 피우고, 로비에 와가지고 모니터만 계속 보고 있었지. 아니, 그런데 모니터를 가만히 보니까 노선이 변경된 거예요. 원래는 섬이 있으면 돌아서 가야 하는데, 막 섬 사이로 가더라고. 노선 이탈이다 싶었지. 모든 배에는 화물기사들 방이 따로 있어요. 우리 방이 로비에서 한 70미터 떨어져 있었나? 우리는 제일 후미라서 문을 세 개 열고 들어와야 해. 그걸 보고 방에 가는데 배가 넘어갔어요.

그날 아침에는 기사들이 로비에 네다섯 명 정도 있었어요. 배 처음에 넘어갈 때는 보이는 사람 몇 명이 같이 탈출했어요. 나중에 보니까 다 막 헬기 타고, 이리로 저리로 막 탈출해서 나왔더라고. 난 끝까지 기다렸다가 구명보트 타고 탈출했지. 배가 거의 뒤집어지기 직전에 우리 화물차 기사들 다 같이 탈출했어요. 그런데 배가 어떻게 넘어갔는지는 몰랐지. 보니까 파도는 잔잔하고, 죽지는 않을 것 같았어요. 거의 배 무너지기 직전에 해경 보트가 사람을 보고 왔더라고. 그렇게 기사 열몇 명이 보트로 탈출했죠.

사실 그때, 난 학생들이 그렇게 많이 죽은 줄 몰랐어요. 선장이 잘못했어. 모든 배에서는 선장 말에 다 따라야 한다고 하더라고. 사무장이 '구명조끼 입고 가만히 있으세요' 방송을 여러 번 했거든. 나중에 되니까 이거 탈출해야 되는데, 싶더라고. 문 가까이 있는 화물기사 동생한테, '야, 파도 어떠니?' 물어봤더니 '파도 잔잔하우다(잔잔합니다)' 하더라고. '아, 죽지는 않겠네.' '예, 형님. 우리는 뛰어내리면 되쿠다(됩니다).' 그랬지. 우리는 수영을 잘하니까.

바닷물에 누워 있으면 몸이 떠요. 그런데 그걸 아는 사람이 그렇게 많지 않잖아요. 우리는 그 원리를 알잖아. 민물에서는 가만히 있어부네(있어버리면) 가라앉지만, 바다는 가만히 있으면 떠요. 우린 어릴 때부터 바다에서만 살았기 때문에 그걸 알아. 그날은, 그냥 파도가 잔잔해. 옆에 있던 동생이 그래요. '형님, 파도가 1미터도 안되쿠다(안 됩니다).' 나도 그랬지. '그래, 기다리게(기다려서) 우리는 내려가면 되쿠다.' 이런 농담도 할 정도로….

그리고 우리는 배의 내막을 알잖아요. 어디 문 있고, 어디에 뭐 있고, 이런 거 다 아니까. 그런데 학생들은 아니잖아요. 학생들이 뛰어내려야 하는데, 하고 계속 생각했어요. 그런데 사무장한테 가질 못하잖아요. 빨리 학생들 한 사람이라도 꺼내가지고 뛰어내리라고 해야지…. 뛰어내리면 구할 사람들 많이 있으니까. 한 시간 넘으니까 어선들이 어마어마하게 왔어요. 오는 거 나 봤거든요. 창문 요만한 걸로 보니까 배가 보여. 뛰어내리면 어부들이 건져줄 것 같아. 그런데 가만히 있으라고 하니까 학생들이 가만히 있었잖아요."

화물차가 밥줄이니 기억을 안고 가야지

오용선 님은 참사 이후 27년간 해오던 화물 운송 일을 그만뒀다. 예전처럼 운전하기가 쉽지 않았기 때문이다.

지금은 작은 회사에 다닌다. 여전히 차를 운행하지만, 예전처럼 육지를 오가거나 밤낮없이 일하지는 않는다. 하지만 여전히 아픔을 감수하면서 배를 타고 화물차를 모는 생존자들이 있다. 그들의 이야기는 많이 알려지지 않았다. 오용선 님은 참사의 순간을 잊기 위해 밖으로 나섰지만, 여전히 한 걸음을 내딛는 것이 어려운 이들도 있다.

"제주도 화물기사 22명이 세월호에 탔었어요. 우리는 서로 다 알아요. 한 27년 동안 화물차만 탄 사람들이니까. 나까지 넷이 27년 한 사람이고 나머지는 5년, 7년 된 사람들이었어요. 저는 1989년부터 했으니까. 화물차에 뭘 싣냐 하면, 겨울 되면 밀감, 밀감 끝나가면 무를 실어요. 겨울 밀감하고 무하고 같이 나가요. 제주서 짐 실으러 나가면, 육지 도착해서 배에서 내리면 10시. 들물(밀물) 때는 배가 빠르고, 썰물 때는 배가 밀어제끼니까 배가 늦어. 만조하고 간조 차이가, 서해안은 10미터 넘게 차이가 나니까. 서울 가는 사람들은 막 새벽 5시에 나가서 농수산물 공판하는 거 보고.

저도 90년도부터 화물 일 한다고 동네를 떠나가지고 생활을 하다 보니까 동네 사람들 잘 몰라요. 제주도는 동네일이라는 게 있거든. 마을에 누구 결혼식 한다, 누구 돌아가셨다 이런 동네일 챙기는 게 엄청 중요해요. 제가 그런 걸 전혀 못 했거든요. 외지 생활을 하느라. 한 달이면 집에 이틀, 사흘 올 때도 있고. 그래서 우리 아버지 돌아가셨을 때도 사람들이 많이 안 왔어. 내가 동네일을 못 챙겼으니까. 그런데 그렇게 육지 나가서 일을 하지 않으면 수입이 어서(없어). 난 사고 난 이후로 육지 나가는 일은 안 해요. 조그만 회사 다녀요. 시간이 규칙적인 생활을 하니까 몸이 좋긴 좋아요. 편하고. 적게 벌엉 적게 쓰멍.

사고 이후로, 사실 이 오래된 화물차 일을 그만둬야 되나 말아야 되나 고민을 좀 많이 했어요. 저는 사고 난 후에 병원에 한 20일 입원하고 나와가지고, 퇴원하고 집에서 3개월인가 있었어요. 놀면서 돈을 써버리니까 한없이 써지더라고. 배상받은 것도 거의 다 쓰고 그러니까…. 이거는 이렇게 하면 안 된다. 나 인생 망친다 해가지고 직장을 구하려고 했죠. 일을 다시 해보려고. 그 이후에 내가 운전을 할 수 있나 해서 한번 시범적으로 해봤어요. 근데 운전을 못 하겠더라고요. 남의 차 타고 운행해 봤는데 힘들겠더라고. 밤에 운전하니까 좀 헛것도 보이는 것 같고. 주간에는 괜찮은데. 그래서 지금은 야간에 운전 안 해요.

다섯 명 말고는 지금 계속 화물차 하고 있어요. 배 타고 나가는 사람은 열두세 명, 여기서 그냥 조그만 화물차 하는 사람, 용달차 하는 사람 세 사람 있고. 직장을 옮길 수가 없어요. 이걸 몇 년을 한 건데. 우리는 화물차가 전 재산이잖아요. 재산이고 밥

줄이에요. 일 안 하면 못 살아먹고. 그냥 저는 가족 없고 저 혼자밖에 없으니까 그런 거 별로 상관 안 했는데, 일을 안 하면 살기 힘든 사람들이 많으니까.

또 화상 입은 사람도 있고. 학생들 죽는 것도 보고…. 자기네들이 옆에서 막 구해줘도 못 돌아온 사람들도 있고. 제일 나중에, 빠지기 직전에 물이 구 멍으로 나와서 그 물에 맞아서 팍 솟아오른 기사분 도 있어요. 기사들도 사람마다 달라. 어떤 기사는 배 타면 막 울렁증이 있어가지고 지금까지 그걸 안고 가는 사람들도 있고. 또 학생들을 못 구한 것에 대 해 죄책감을 가지는 기사들도 있지. 그런 사람들은 술로 지내요. 그 기억이 떠오르면, 술 안 먹으면 안 되니까. 술 먹엉 잠을 자. 학생들 배에 막 골아앉을 (가라앉을) 적에 못 살린 기억이, 기억이 계속 되살아 난다고. 나도 몰라신디….

사고 난 후로 보험을 들려고 하니까, 정신과 약 을 먹는다고 보험을 안 들어주더라고. 5년 동안 보 험을 안 들어줘요. 그래서 저는 보험 든 게 아무것도 없어요. 2016년 1월까지 정신과 약을 먹었는데 약을 먹으면서 몸에 변화가 많이 오더라고. 약이 독해요. 그래서 제주대학병원 선생님한테 가서 말을 다 하고 약을 끊었지. 지금 우리가 여섯 분이 손해배상소송 해서 법원에 재판 들어갈 거예요. 아직 괴로운 사람 들이 많아. 저는 2016년에 약을 끊어버렸으니까 같이는 안 했어요. 해봐야 (좋은 결과가) 나오지 않을 것 같아가지고.

저는 그날을 기억 안 하려고, 잊어버리려고 노력했어요. 그래서 일하던 운수 사무실에 자주 갔어요. 비 오는 날 사람이 많거든요. 비 오면 우리는 일을 못 하잖아. 그러면 20명, 30명씩 사무실에 사람이 이신디, 조경하는 사람들, 화주들, 화물기사들이 막 이서. 거기서 막 떠들고, 노래하고, 막걸리도 한 잔씩 먹고 그랬어. 나 목소리도 대단히 크거든요. 내가 시끄럽게 굴어도 사람들이 이해하더라고. 제가 거기(세월호)에서 살아 나온 걸 아니까. 쟤가 고달프니까 놔둬라, 그러더라고. 아무도 나를 욕하지 않았어요. 그러면서 저는 이겨내려고 노력했어요.

지금도 힘든 사람들이 있거든요. 평생 안고 가야 할 것 같아. 왜냐하면 너의 속마음을 털어라 해도 못 털어. 나는 막 돌아다니면서 많이 털었어요. 저 혼자 산에 가가지고 막 노래 부르면서 여섯 시간, 일곱 시간을 돌아다녔어요. 모르는 사람한테 안녕하세요, 인사도 하고요. 사람 많이 이신(있는) 데 가면 떠들고, 사람 어신(없는) 데 가면 나 혼자 떠들고. 2015년, 1년 동안 그랬어요. 그렇게 좀 이겨냈어요. 담배도 끊어버리고. 나도 만약에 술이나 좋아했으면 술 많이 먹고 죽어버렸을지도 모를 거야.

2015년까지는 한 새벽 4시, 5시 돼야 잠자고

낮 12시에 깼어요. 약을 안 먹으면 잠이 안 와. 모든 사람이 그렇게 될 수밖에는 없어요. 이걸 내가 이겨내려면 악으로 버텨야겠다 했지. 그래서 2015년도에 지금 직장을 구한 거야. 여기는 규칙적이에요. 적게 벌어 적게 쓰니까 그것도 좋더라고. 아침에 출근하고, 사무실 가면 오전 6시. 저녁 6시에 퇴근해서 밥 먹고 운동하고 일찍 자고. 그런데 화물은 그게 안 되거든. 아침 배 탈 때도 있고, 저녁 배 탈 때도 있고, 배에서는 또 금방 잠이 안 와. 기사들 중에 아직도 배 타면 술 먹어야 자는 사람들도 있고, 울렁울렁하잖아요. 겨우겨우 버텨가지고 생활해야 하기 때문에….

나처럼 속에 있는 말을 내뱉어야 되는데, 안 내뱉는 사람들이 많아요. 그래서 저는 세월호 사고 난 뒤에 그런 걸 많이 배웠어요. 말을 해야 나아진다는 거를. 정신과 의사 선생님도 만나 보고 하니까…. 지금도 TV에서 그런 걸 자주 봐요. 오은영 선생님 같은 분들이 얘기하는 거. 사고 나서 이 사람 저 사람 만나서 얘기를 하다 보니까, 속에 있는 걸 털어내는 게 중요하다는 거를 알게 되더라고."

모든 걸 설러불다, 그 마음

속솜하라. '조용히 있으라'는 뜻의 제주어다. 부드러운 어감과는 달리 경고의 의미를 담은 말이기도 하다. 이 말

오용선 님은 산을 돌아다니며 힘든 마음을 털어냈다. ⓒ오용선

에는 4·3의 경험이 녹아들어 있다. 오랜 시간이 지났지만, 내 자녀가, 가족이 '빨갱이'로 몰릴까 학살의 기억을 마음속에 꽁꽁 싸매서 숨겨둔 채 살아야 했던 역사가 담긴 말이다. 아픔과 고통을 발화함으로써 고통을 나누는 것이 쉽지 않은 이들이 있다. 많은 생존자, 유가족들이 당연히 그러하리라. 하지만 '속솜하라'는 말의 뜻을 온몸으로 새기고 있는, 제주에 남은 이들에게는 그것이 더 어려웠을 수 있겠다고 마음속으로 짐작해 보았다.

"사고 난 당시에는 누가 나설 사람이 없더라고. 제주도 해봐야 화물기사 22명인데. 그때 처음 사고 날 때는 제주시 한 명, 서귀포시 한 명 연락망을 만들었어요. 서귀포가 일곱 명이고 나머지는 다 제주시예요. 그런 식으로 해가지고 이제 연락을 취하다가, 제주시 회장이 못 하겠다 해서 내가 맡은 거지. 대표하는 한 사람이 없어선 안 되겠더라고. 그래서 회장 하라고 해서 맡아 하다 보니까 아직까지 끌고 왔는데 쉽지가 않았어요. 사실 나도 많이 고달팠어요. 이제까지 살아오면서 많은 경험을 했지만 그래도…. 사고 날 당시에는 내 나이가 쉰다섯. 나 위에 형님 하나 이서는디. 나도 단체라는 거 결성을 해본 적이 없어서 어떻게 하는지도 자세히 모르는데, 단체를 이끌어야 하니까…. 우리는 서울하고 동떨어져 있으니까 처음부터 좀 소외감을 많이 받긴 받았어요. 인천에 가도 설움 받고, 안산에 가도 설움 받고.

안산 온마음센터는 정부에서 20억 하고 경기도에서 20억 하고 총 40억을 해서 운영한다고 하더라고요. 그래서 내가 제주도청에 가서 해운항만청하고 이야기했어요. 제주에 있는 화물기사들 지원을 해주라고. 공문을 만들어서 복지부에다가 진정서를 여러 번 냈어요. 우리도 지원을 해주라고. 그런데 잘 안되더라고 이게. 아직도 제주도 자체에서 지원금이 나오는 게 있는데, 인원이 얼마 안 되니까. 사진, 그림, 도자기 수업 같은 거 해요. 그걸로 전시회도 하고. 선생님들 두 분이 있어서 전화 통화도 종종 해요. 잘 지내는지 그런 이야기. 근데 언제까지 갈지는 모르겠어요.

저는 그때 탔던 화물차가 회사 차였거든요. 나머지 사람들은 개인 사업자 내가지고 운행하던 차였어. 저는 그래서 보상도 제대로 못 받았어요. 그런데 먹고살게는 해줘야 할 것 아니야. 법이라는 게…. 그때 원희룡이 도지사였어요. 엄청나게 쫓아다녔어요. 그런데 면담하자고 하면 도망가 버리고. 면담을 한 번 하긴 해신디. 고달프긴 고달프더라고.

내가 보상을 몇 년 받을 수 있는지를 병원에서 알려줬는데, 48개월인가 그랬어요. 미국에 9·11테러 있잖아요. 그거는 2090년까지 보상을 받을 수가 있어요. 근데 우리나라는 그게 안 되잖아요. 트라우마라는 걸 잘 몰라. 인정을 안 해줘요.

제생지는 없애버렸어요. 제주도는 작아요. 주위 사람들한테 아직도 그런 얘기를 하느냐고… 말을 많이 들었어요. 그렇게 되니까 나도 아프고. 이건 안 되겠다. 설러불자(없애버리자). 작년 8월인가, 9월쯤에 설러부렀어. 한 달에 한 번이나 두 번씩 제주시 왔다 갔다 해야 하고. 내가 회장이니까 안 가면 안 되고. 그런 것도 힘들었고.

다시 끌고 가야 하나 말아야 하나, 내년 2월까 지 생각을 해보려고. 내년에 10주기이지만, 좀 생각 을 해봐야겠어. 제가 바라는 거는, 뭐 별로 바라는 건 없어요 솔직히. 진상규명을 하려면 그 당시에 해 야 했는데. 국가가 강력하게 안 나가면 하기 힘들다 는 걸 봤잖아. 개인적으로 바라는 건, 건강하게 잘 사는 것. 그것밖에 없어요."

나를 낳은 바당, 위로가 된 오름

참사 이후 제주를 떠나고 싶은 적은 없으셨냐고 물었다. 오용선 님은 단번에, 그런 적은 한 번도 없었다고 답했다. 어릴 때처럼 바다에서 뛰어놀 수는 없겠지만, 오름에 오 르기 시작했다는 이야기를 풀어놓았다. 오름의 탄생 설 화를 떠올려 본다. 설문대할망이 한라산을 만들기 위해 치마폭에 흙을 담아 옮기다가 흙들이 조금씩 흘러내렸 고, 그게 오름이 되었다는 이야기다. 그렇게 작지만 일상

의 곳곳에서 위로가 되는 존재들이 있다. 오용선 님에게
는 그게 오름이었다.

"저는 아무리 힘들어도 제주도를 떠나고 싶지는 않아
요. 제주도는 앞으로 보면 바당(바다)이고 뒤로 보면
산이잖아요. 그리고 제주는 전부 다 오름으로 돼 있
잖아요. 오름이 360개가 넘어요. 2020년부터 마을에
서 오름 동호회를 만들었어요. 제주도는 오름 동호
회가 마을마다 있어요. 내가 막내에서 두 번째야.

　일요일을 매일 기다려요. 한 달에 두 번은 오름
에 가요. 비가 오나, 눈이 오나, 바람 부나, 동호회
에서 날짜 잡으면 무조건 가요. 제주 화물기사들이
랑도 한 달에 한 번씩 오름에 갔어요. 혼자서라도 오
름을 가든지, 올레길을 가든지, 가서 걸어요. 아주
좋죠. 힘들어도 거길 가면 모든 걸 잊어버리고, 마음
이 넓어져요. 가다가 지치면 쉬고, 가다가 싫으면(마
음에 안 들면) 돌아올 수도 있고. 김밥 하나 싸고 과일
몇 개 가지고 배낭 메고 가요. 마음이 편해요.

　저는 옛날에, 회사 그만두면 모아둔 돈으로 스
위스로 여행 가려고 했어요. 7박 8일, 이렇게 여행을
가는 거예요. 돈이 많이 들어도, 거기서 벌어둔 돈
다 쓰고 오는 거야. 지금은 화물 일 그만두고 버는
돈이 적어서 어떻게 될지 모르겠어. 옛날부터 인터넷
보면서 여행 계획을 잡았어요. 비 오는 날이면 일을

못 나가니까 계획표를 만들어요. EBS 같은 걸 보니까 다른 나라 사람들 사는 게 신기해.

유럽, 미국도 갔다 와야 돼요. 다른 나라 사람들이 어떻게 사는지 보고 싶어요. 스위스 마터호른도 가고 싶고. 알프스산맥에 올라가면 신라면 조그만 걸 8000원에 판대요. 나 어릴 적에는 라면 네 개에 20원이었는데, 사람들이 그걸 그렇게 많이 사 먹는대요. 비싼 라면을.(웃음) 산티아고 순례길도 가고 싶어요. 다들 아는 사람도 없는데 거기 가서 뭐 할 거냐고 물어봐요. 뭐, 일주일 내내 혼자 걷는 거지.”

세월호와 함께해 온 그의 9년은 책임감과 부담감으로 가득했다. 하지만 함께 화물차를 몰았던 동료들이 조용히 그의 곁을 지켰고, 그는 제주의 오름과 산에 기대어 위로받았다. 세월호 기억 활동을 하는 것이 쉽지만은 않았다고 토로하다가도, 이제는 제주 오름을 넘어 산티아고 순례길에 가보고 싶다고 말하는 그의 얼굴에는 화색이 돌았다. 언젠가, 알프스산맥에 오른 오용선 님의 모습을 볼 수 있기를.

오용선 님이 오름에서 바라본 풍경. 앞에 보이는 것은 한라산이다. ⓒ오용선

이름 없는
죽음들이
눈에 밟혀서

세월호 일반인 유가족협의회 위원장 전태호

글 / 변정희

세월호에서 희생된 304명 가운데는 단원고 학생과 교사들을 제외한 45명의 일반인 희생자가 있다. 여행과 이사, 출장을 위해 세월호에 탄 일반 승객과 세월호에서 일하던 승무원 그리고 사고 이후 구조를 하다 희생된 민간 잠수사이다. 45명이라는 숫자는, 한 학년 대다수에 이르는 희생자가 나온 단원고에 비하면 적은 수일지 몰라도 이들을 숫자가 아닌 한 명 한 명의 생명으로 본다면 결코 헤아릴 수 없을 만큼 많은 수이다. 참사가 일어난 지 10년에 가까운 시간이 지났지만, 아직도 45명의 세월호참사 일반인 희생자와 그 유가족들의 이야기는 잘 알려지지 않은 채 잊히고 있다.

누군가의 부모이자 자녀이고 연인이자 친구이며, 우리나라 안전 시스템에 큰 경종을 울린 45명의 희생은 누가 기억하고 있을까? 세월호 일반인 유가족협의회(이하 유가족협의회) 전태호 위원장을 만나 그동안 일반인 유가족으로 살아온 시간에 관해 이야기를 나눴다. 현재 그는 참사와 관련해 진상규명과 책임자 처벌을 외치며 앞장서 활동하고 있는 단체의 대표이지만, 그 이전에 자전거를 타고 전국 일주를 떠나 다시 돌아오지 않는 아버지를 기억하고자 애쓰는 아들이다.

아버지는 늘 옳았지만 그날만은 틀렸다

"저희 아버지는 어머니와 함께 미국에 자주 나가셨어요. 제 누님이 그곳에 계시니까 부모님도 1년에

2장 10년의 기억을 품은 사람들

몇 개월은 미국에 계시고 몇 개월은 한국에 계셨어요. 거의 10년 동안 반복하는 상황이었거든요. 그래서 한국에 계실 땐 아버지 집을 일주일에 한 번씩 무조건 갔어요. 토요일이면 아버지랑 저녁 먹으며 얘기하고 놀다가 자고 다음 날 아침에 식구들과 다 같이 교회 갔다가 점심 먹고 헤어졌어요. 사실 추석, 구정 때 빼고 아버지 돌아가셨다는 거 별로 못 느껴요. 한 번씩 전화하셔서, 아빤데 며칠 몇 시 비행기 몇 번 항공편으로 들어가니까 공항으로 나와라, 그러셨거든요. 지금도 언제든지 다시 전화하셔서 데리러 오라 하실 것 같은 느낌이죠."

바다를 건넌 아버지는 이제 돌아오지 않는다. 아버지의 목소리도 들을 수 없다. 함께했던 주말 식사가 아무런 예고 없이 중단되어 버렸다. 지금도 아버지가 다시 전화할 것 같은 기분이 든다. 아버지의 부재는 아들뿐 아니라 다른 가족, 특히 어머니에게 더 크게 나타났다. 세월호참사가 있기 전 그의 부모님은 한국에 있을 때나 미국에 있을 때나 모든 곳에서 늘 함께였다.

"아버지가 먼저 어머니께 전화하셨대요. 구조 온다고. 이 큰 배는 그렇게까지 빨리 안 넘어가니까 별로 신경 쓰지 말라고 하신 거죠. 그 이야기를 듣고 어머니께서 저한테 아버지랑 통화 해보라고 전화하셨어요.

232

세월호 일반인 유가족협의회 전태호 위원장 ©변정정희

그런데 연결이 안 돼요. 제가 업무 때문에 그날 당진에 있었거든요. 바로 일정 취소하고 현장으로 내려갔어요. 오후에 동생, 고모 부부, 작은아버지들 싹다 내려오시는데 어머니는 내려오시지 말라고 말씀드렸어요."

아버지는 사고 이틀 뒤인 2014년 4월 18일 오전 11시, 진도 해역 사고 지점에서 900미터 떨어진 곳에서 발견되었다. 아버지의 말씀은 대체로 옳았지만, 그날 걱정하지 말라던 말씀만은 틀렸다.

"어머니께 한국에 계시는 게 힘드시니 누나 있는 미국에 계시는 게 어떻겠냐고 여쭸어요. 거기 가면 네 아빠 더 생각나서 싫다, 단호하게 거절하시더라고요. 그러고 나서 살고 있는 집을 나와 이사를 여러 번 했죠. 어머니 입장에서는 여기저기 다 아버지가 있는 것 같으니까 싫으신 거죠. 그래서 몇 년 힘들었어요."

혈혈단신 일반인 희생자들이 눈에 밟혀서

시간이 지난다고 부재가 사라지는 것은 아니지만 조금 옅어지기도 한다. 부재의 시간을 다른 사람으로 채울 수 있기 때문이다.

"지금은 좋아지셨어요. 다행이었던 게 어머니 친구분

세월호 일반인 희생자 추모관에 안치한 전태호 위원장의 아버지 고 전종현(당시 70세) 님
©변정정희

들하고 교회 지인분들이 챙겨주셨어요. 제가 유가
족협의회 일로 바빠서 못 챙기는 상황이면 아는 형
이 본인 부모님 놀러 가실 때 같이 모시고 갔다 오고
그랬어요. 또 교회 지인 중 한 분께서 평일 저녁에 어
머니가 혼자 계시니까 오셔서 같이 저녁 먹고 주무시
고 가시더라고요. 어머니 친구분들께서도 툭하면 야
바람 쐬러 가자, 하시면서 끌고 나가시더라고요. 어
머니께서도 처음에 안 가신다고 그러시더니 요즘은
왔다 갔다 하세요. 저희는 도움을 정말 많이 받았어
요. 누군가의 도움을 받은 사람과 안 받은 사람은
차이가 확실히 많이 나죠. 저희 어머니 같은 경우는
주변에 도움의 손길을 주시는 분들이 상당히 많아서
회복이 조금 빠른 편이었고 그러지 못하신 분들은
아직 힘드시죠."

주변의 도움은 무척 소중하다. 넘어졌을 때 옆에서 내미
는 든든하고 따뜻한 손을 잡을 수 있다면 좀 더 쉽게 일
어설 수 있을 것이다. 하지만 모든 이들에게 따뜻한 손길
이 닿는 것은 아니다. 전태호 위원장의 가정은 유복한 편
이고, 그에 따라 사회 활동도 활발했기 때문에 더 많은
도움을 받을 수 있었다. 그렇지만 일반인 유가족 중에는
희생자가 혈혈단신 한국으로 건너왔기에 이곳에 아는 이
하나 없는 해외동포도, 아직 죽음이 무엇인지도 모를 나
이에 부모와 형제를 다 잃은 어린이도, 한 집안에 아들과

조카가 한 번에 사라져 주저앉아 버린 엄마와 그 자매도 있다. 개인마다 상황이 다르기 때문에 주변의 도움보다 중요한 것은 모두가 도움의 손길을 받을 수 있도록 사회 구조를 바꾸는 일일 것이다. 이는 우리가 모두 함께 손을 맞잡을 때 가능해진다. 그가 유가족협의회 대표를 맡은 이유도 이와 같지 않을까?

"처음에는 안 하려고 했어요. 아버지와 같은 자전거 동호회 유가족들끼리만 얘기하고 끝내려고 그랬어요. 그런데 다른 일반인 유가족에게서 연락이 온 거죠. 그래서 그분들 만나서 도와드리다 보니 지금까지 온 거예요."

유골함 250기, 일반인 희생자는 어디에도 없었다

상대적으로 소수였던 일반인 유가족들은 서로 연락해 힘을 모으고 손을 맞잡았지만, 한계가 있었다.

"우리나라 언론이든 정치인이든 연예인이든 모든 포커스는 이슈되는 곳에 맞춰질 수밖에 없어요. 왜? 내가 뭔가를 하나 했을 때 그만큼 파급 효과를 내기 위해선 이슈가 되는 곳에 가야 될 거 아니에요. 그렇죠? 세월호 사고도 마찬가지예요. 세월호 공식 수식어가 '단원고'로 형성되어 있어요. 일반 시민들한테 세월호 유가족은 단원고 유가족밖에 없는 거죠. 나

237

머지 유가족들은 누가 있어? 이런 뉘앙스인 거예요."

세월호참사는 수많은 사람이 한 번에 희생되었다는 점에서도 충격이었지만, 대다수 희생자가 수학여행을 떠난 어린 학생들이라는 점에서 더 큰 충격으로 다가왔다. 관심은 단원고 학생들에게로 집중되었다. 하지만 죽음의 무게를 나이로 나눌 수는 없다. 게다가 일반인 희생자 중에는 단원고 학생들보다 더 어린 일곱 살 어린이도 있었고, 고작 몇 살 더 많지만 자신의 구명조끼를 학생들에게 벗어준 20대 청년도 있었다. 다 같은 희생일 텐데 왜 이들은 초기부터 나뉘어야만 했을까?

"세월호가 터지고 난 직후에 OOO교육청에서 추모관을 짓겠다고 얘기하고 계획안을 가져왔어요. 그런데 유골함 250기, 그러니까 일반인을 뺀 단원고 학생과 교사들 것만 딱 갖고 온 거예요. 자기네는 교육청이기 때문에 이것만 할 수 있다는 식으로 얘기했죠. 그래서 저희는 따로 진행했어요. 그쪽에서 먼저 편 가르기를 한 거죠."

그는 이 이야기를 처음 말하는 것 같다며 조심스럽게 입을 뗐다. 약자들의 편을 갈라 갈등을 만들고 서로 혐오하게 하며 힘을 더 약화시키는 것은 정치 권력의 오래된 모략이다. 유가족들이 똘똘 뭉치면 큰 힘이 된다는 것을 국가는 이미 알았을 것이다. 안타깝게도 세월호 유가족들은 갈라져 결국 일반인 유가족만 따로 떨어지게 되었다. 그리고 이들은 상대적인 무관심 속에서 우리끼리라도 일반인 추모관을 먼저 짓자고 협의했다.

"처음에 추모관을 연안부두(세월호가 출항한 인천항 연안여객터미널)에 세우려고 했어요. 그런데 반대 세력이 있을 게 뻔하잖아요? 저희 유가족들은 민원 걸리고 시끄러운 것을 싫어해서 의논했죠. 인천에 인천가족공원이 있고, 전국에서 두 번째로 큰 추모 시설이다 보니 여기로 정했어요."

2016년 4월 16일 인천가족공원 내 깊숙한 위치에 일반인 추모관이 먼저 지어졌다. 하지만 건립 이후에도 갈등은 계속되었다. 어떤 이는 놀러 가다 죽었는데 무슨 추모관이냐며 화를 냈고, 어떤 이는 실제로 추모관 벽에 침을 뱉기도 했다.

"일베 리본(일간베스트저장소에서 만든 세월호참사 추모를 조롱하는 리본 모양)이라고 아세요? 리본 밑을 역 브이(∧)로 꺾어놨잖아요. 그 논란이 나온 게 2017년도인가 그래요. 저희는 이미 2014년도에 만든 조감도에 지금 리본 모양이 있거든요. 그거 가지고 일반인 유가족이 일베라고 시비를 건 거예요. 일반인 추모관에 사용된 리본이 일베 리본이라고 기사 쓴 기자한테 전화해서 제가 욕을 해버렸어요."

타인의 고통을 이용하는 사람들

이야기하는 내내 그는 화가 많이 나 보였다. 마치 아직도 그 현장에 있는 것처럼 격앙되어 있었다. 그동안 받은 수많은 혐오와 공격에 대한 반응일 것이다. 게다가 그의 정치 성향은 보수다. 세월호참사는 박근혜 정부 때 일어난 일이라, 그의 뚜렷한 정치 성향은 더욱 공격받기 좋았다. 일베 논란 역시 그런 혐오 공격 중 하나였다. 당시 국가는 대형 참사를 수습할 역량이 부족했고, 이에 안타까움을 느낀 수많은 시민사회단체와 개인들이 돕기 위해 찾아왔다. 정치권과 언론 역시 합세했다. 하지만 그중에는 참사를 개인적 욕심으로 이용하려는 사람도 있었다.

"세월호가 인양되는 날 진도에서 얼마나 황당했냐면 배 건져 올라가니, 저거 올라오면 우리 뭐 갖고 싸우냐, 이 소리 해서 저와 대판 싸운 사람이 있어요. 그 사람도 광화문에서 활동한(세월호참사 이후 유가족과 시민들은 서울 광화문 광장에서 오랜 기간 진상규명과 책임자 처벌을 촉구하는 집회를 열었다) 단체 사람이거든요. 그때 진짜 제가 완전히 눈 뒤집혔어요. 함께 있던 해양수산부 직원들이 저를 말릴 정도였다니까요. 그게 진정성 있는 사람이에요? 제가 봤을 때 그 사람에게는 세월호

일베 논란이 있었던 세월호 일반인 희생자 추모관 외벽의 노란 리본 ©변정정희

　　라는 사건 자체가 정치적 이슈 그 이상도 이하도 아
　　닌 거예요."

그의 말에 따르면 이런 일들은 최근까지도 이어졌다고
한다. 한 번도 얼굴을 비춘 적 없는 연예인이 갑자기 5주
기 추모식 때 나타나 알은체를 하고 사라지거나, 같은 지
역 시민사회단체 사람인데도 형식적인 인사만 나누고 추
모관에 다시 방문하지 않는다거나 하는 모습들에 그는
크게 실망했다. 긴 시간이 흘렀음에도 여전히 잔뜩 화가
나 있는 그의 마음이 조금 이해되었다.

　　"저는 NGO(민간단체) 분들을 진짜 싫어하는 사람 중
　　에 하나였거든요. 막말로 대형 참사 나면 피해자들
　　등 뒤에서 빨대 꽂는 인간들 있잖아요. 그런 인간들
　　한테 농락당하는 상황이 상당히 많았거든요. 사고
　　났던 2014년도 기사 찾아보시면 제가 외부 단체 들
　　어오는 것 싫다고 그냥 대놓고 얘기했어요."

참사로 이미 한 번 상처받은 유가족들은 이후 또 다른
혐오 공격으로 두 번 상처받았다. 하지만 상처를 준 것도
사람이나, 상처를 치유하는 것도 역시 사람이다. 긴 시간
동안 지속된 많은 연대의 손길은 그의 마음속 빗장을 조
금씩 열었다.

일반인 유가족과 연대하는 시민 활동가(왼쪽)와 대화 중인 전태호 위원장(오른쪽)
©변정정희

"세월호를 갖고 처음에 정치 놀음 하는 사람이 많았
다면 지금은 그 사람들이 빠져나가고 진정성을 갖고
활동하는 분들만 남았어요. 예전과 지금은 선명하게
차이가 나요. 그중 한 어머니는 일반인 유가족에 대
해 알고 난 이후 일반인 추모관에 자주 오셔서 저희
와 협업을 많이 하셨어요. 처음 만났을 때 자녀가 아
기였는데 이제 군대 갈 정도로 컸어요. 그동안 교류
도 많이 하시고 연탄 봉사도 같이 했어요. 저희 '노
랑드레 언덕' 만들기 행사할 때도 적극적으로 참여
해 주셨어요. 일반인 희생자에 대해 진실성을 갖고
활동하는 분이죠. 이런 분들은 이슈가 되고 싶은 게
아니라 진짜 순수하게 세월호 유가족한테 뭔가를 해
주려는 분들이에요."

그가 경험한 대로 혐오 공격을 하고 참사를 이용하는 세
력도 분명히 있을 것이다. 하지만 진심으로 참사의 진실
을 밝히고 사회가 더 안전해지기를 바라며 유가족의 손
을 맞잡는 시민이 더 많을 것이다. 이런 선량한 연대가
바꾼 것은 그의 마음만이 아니다.

'최초'의 길을 만들며 계속 싸우기

"세월호참사가 일어난 후로 예전에 없던 게 생겨났어
요. 특별법이 제정되었잖아요. 그리고 우리나라 재
난 사고 중에 최초가 붙는 게 세월호에 몇 개 있어

요. 대표적인 게 광화문 광장 집회. 우리나라 역대 재
난 사고 중 광화문 집회를 처음 한 것이 세월호입니
다. 그리고 국회 농성. 그것도 밖에서 아니고 의사당
본청 안에 유가족들이 들어가서 농성한 것도 세월호
가 처음이에요. 그리고 인천 세월호 일반인 희생자
추모관. 재난 사고를 국가에서 인정하고 추모 건물
을 지어준 건 여기가 최초예요(1994년 성수대교 참사 위령
비와 1995년 삼풍백화점 참사 위령탑 등을 국가에서 세운 바 있다.
다만 참사 현장과 동떨어져 있고, 접근하기 어려운 위치에 있다)."

'4·16세월호참사 피해구제 및 지원 등을 위한 특별법'이
제정되었고, 그에 따라 진상규명과 책임자 처벌, 안전사
회 건설을 위해 활동하는 '4·16재단'이 생겼다. 이와 함께
일반인 유가족과 연대하는 시민사회단체들이 더 많아졌
다. 물론 단원고 유가족들이 주축이 된 '4·16세월호참사
가족협의회'와 '4·16연대'와도 현재 원활한 관계를 맺고
있다. 그리고 8주기 때부터는 같은 인천 지역 시민사회단
체들과 '세월호참사 인천추모위원회'를 만들어 매년 추모
행사를 함께하고 있다.

"인천에 여러 단체가 있는데, 세월호 관련해서 적극적
으로 협조를 많이 해주시고 홍보도 많이 해주세요.
저희 행사가 있으면 참여해서 도와주세요. 고마운
분들은 다 나열하기 힘들죠. 너무 많으셔서. 적극적

으로 그분들과 소통하는 것도 상당히 필요한 부분
이에요. 저희 영역에서 못하는 부분은 그분들이 커
버해 주시거든요."

이제 그의 화는 다 풀렸을까? 그렇지 않다. 세월호참사 이
후 10년에 가까운 시간이 흘렀고, 그동안 정권이 두 번 바
뀌었다. 초등학생이던 그의 첫째 아들은 성인이 되었고, 네
살이었던 둘째 아들은 중학생이 되었지만, 평범한 한 가족
의 아빠였던 그는 아직도 열을 내며 싸우고 있다. 수많은
연대와 작은 변화들 속에서도 아직 가장 중요한 진상규명
과 책임자 처벌이 제대로 이루어지지 않았기 때문이다.

"우리나라에 해양 사고가 안 날 수는 없어요. 전 세
계적으로도 해양 사고가 나요. 근데 제가 열받는 게
뭐냐면, 대한민국 헌법에서 국가는 국민의 재산과 생
명을 보호할 의무가 있다고 정하고 있잖아요. 그러
니 사고가 터졌으면 국가에서 살릴 수 있는 사람들
을 다 구조했어야 할 거 아니에요? 살릴 수도 있었
던 사람들을 다 죽여버린 거예요. 그게 열받는 거예
요. 왜 안 구했는지, 구하지 않았던 상황에 대해 논
리정연하게 얘기를 해보라는 거예요. 거기에 대한 진
상규명이 먼저죠. 책임자 처벌은 해야 할 거 아니에
요? 국민의 행복 및 재산권을 박탈했으면 거기에 합
당한 처분은 받아야 하는 게 맞는 거잖아요. 툭 까

인천에서 열린 '세월호참사 진상규명의 의미와 향후과제 2023 전국순회간담회' 행사에서
세월호참사 10주기 인천위원회와 함께하고 있는 전태호 위원장(앞줄 왼쪽에서 세 번째)
ⓒ세월호 일반인 희생자 추모관

놓고 얘기하면 피해자는 있는데 가해자가 없는 거예요. 자동차 교통사고라고 치면 뺑소니예요."

10년의 세월, 국가는 또 '무죄'로 답했다

2023년 11월 2일 대법원은 세월호 해경 지휘부에 무죄 판결을 내렸다. 결국 세월호참사 구조 실패에 대해 유죄를 선고받은 것은 당시 해경 현장 지휘관 김경일 123정장이 유일하다. 진짜 책임을 져야 할 지휘부는 처벌받지 않고 말단의 현장 관리자만 처벌받은 것이다. 이는 앞으로 또 다른 참사가 일어나도 아무도 책임지지 않을 것이라는 끔찍한 예시가 되었다. 세월호참사뿐 아니라 이태원참사도 비슷한 길을 걸을 수 있다는 걱정이 앞선다.

최근 이태원참사 유가족들은 연대의 의미로 일반인 추모관에 방문했다. 그날 전태호 위원장은 유가족들을 만나 당부했다.

"제가 그분들께, 죽을 각오를 하고 싸우셔라! 세월호가 터진 지 9년이 지났는데 아직 해결된 거 없다. 우리 싸우는 거 현재진행형이다. 이태원참사는 1년밖에 안 됐는데 결과가 나올 거라고 생각하시냐? 끝까지 싸워야 해결의 기미가 보일 것이다, 그 얘기를 했어요."

그는 아마 앞으로도 계속 화가 나 있을 것이다. 아버지가 희생된 세월호참사 이후에도 재난 사고는 멈추지 않고, 유가족들은 비슷한 혐오 공격을 받으며, 진상규명과 책임자 처벌은 요원하기 때문이다. 그에게 닥친 일은 일반인 유가족만의 일도, 세월호 전체 유가족만의 일도, 재난참사 피해자만의 일도 아니다. 지금 사회가 변하지 않는다면 언제라도 나에게, 모두에게 닥칠 수 있는 일이다. 그래서 우리는 기억해야 한다. 손을 맞잡아야 한다. 싸우는 이들을 응원하며 함께 안전한 사회를 만들어가야 한다.

지금이
내 삶이자
일상

0416단원고 가족협의회 위원장, 김빛나라 엄마 김정화

글 / 히니

인터뷰 며칠 전부터 걱정이 앞섰다. 가족을 잃은 적도, 자식을 낳아본 적도 없는 내가 이 인터뷰에 맞는 사람인지 알 수 없었다. 행여 말실수라도 할까 싶어, 조심스럽게 질문을 이어갈 때마다 돌아오는 답변에 황급히 휴지를 뽑아 들었다. 자식 일로 위원장을 한다는 것도, 그날의 기억을 떠올리는 것도 힘들다던 김정화 님은 눈물을 훔치는 나를 오히려 위로했다. 그리고 그동안 외면하고 지냈던 기억을 조금씩 꺼내 들려주었다.

우리 애는 다음 배로 올 거예요

"수학여행 가던 날, 애가 일어나서는 꿈을 꿨다더라고요. 타이타닉에 자기가 타고 있었는데 배가 뒤집혀서 바다에 빠졌다는 거예요. 제가 바쁘게 아침 준비하느라, 아이가 시답잖은 소리를 한다고 생각했죠."

꿈은 반대라는 김정화 님의 말을 듣고 집을 나선 김빛나라 님은 그날 이후 돌아오지 못했다. 정화 님은 아무리 생각해도 딸의 죽음이 자신의 잘못 같다고 했다. 꿈 이야기를 들었을 때도, 예정된 시간에 배가 출항하지 않아 발이 묶여 있다는 전화를 받았을 때도, 잊고 있던 수학여행비를 하루 전에 급히 입금했을 때도, 충분히 딸을 보내지 않을 수 있었던 여러 기회를 스스로 버린 것 같았다. 예체능에 소질이 있던 딸을 설득해 단원고로 입학시킨 지난 시간마저도 모두 후회됐다. 시간을 돌릴 수 없는 현실은 딸을 잃은 아픔에 자꾸만 자책으로 얼룩졌다.

자녀 교육 문제로 집에 TV가 없었던 터라, 김정화 님은 세월호가 가라앉고 있다는 소식을 다급히 걸려 온 다른 학부모의 전화로 알게 됐다. 곧장 딸의 번호로 전화하자 빛나라 님은 배가 가라앉고 있다며, 배에서 빠져나갈 수 있게 기도해 달라고 했다. 김정화 님은 직장 동료로부터 사고 소식을 들은 남편과 급히 단원고로 향했다. 배가 가라앉고 있다니 불안했지만, 내심 큰일이야 생기겠냐는 마음이었다. 그러나 딸과의 통화는 그것이 마지막이었다.

학부모들이 모인 강당은 무척 어수선했다. 아니, 아비규환이었다. 뭐가 어떻게 되고 있는지 전혀 알 수 없는 상황에서 강당의 대형 TV 속 '전원 구조' 되었다는 뉴스에 정화 님은 가슴을 쓸어내렸다. 안심하기는 일렀다. 곧이어 화면에 뜬 '오보'라는 문구에 학부모들은 발을 동동 굴렸다.

> "학교에서 반별로 한 대씩, 그러니까 전세 버스 10대를 마련해 줬어요. 근데 진도에 내려가서 애들을 태우면 부모랑 아이까지 버스에 다 못 타게 되잖아요. 그래서 저희는 자차로 내려갔어요."

김정화 님 부부는 집으로 돌아가 물에 젖었을 딸을 떠올리며 속옷과 겉옷을 챙겼다. 진도로 향하는 동안 딸에게

252

몇 차례 전화를 했지만 통화로 연결되지는 않았다. 그렇다고 딸이 잘못되었으리라고는 생각도 하지 못했다. 딸의 부탁대로 그저 하나님께 무탈하기를 기도했다.

정신없이 내달려 진도체육관에 도착했을 때 김정화 님의 눈에 들어온 건 벽에 붙은 생존자 명단이었다. 그곳에 '김빛나라'라는 이름은 없었지만 체육관 한쪽에 단원고 교복을 입은 채로 담요를 덮은 수십 명의 학생을 보고는, 곧 딸도 이곳으로 올 것이라 생각했다.

"한 아이가 '빛나라는 다음 배에 올 거예요'라고 하더라고요. 그래서 기다렸죠. 그런데 진도체육관에 도착한 지 서너 시간이 지나도 애가 안 와요. 그때까지도 우리 애가 살아 있을 거라고 믿었어요."

금방 집에 돌아갈 줄 알았기에 김정화 님 부부는 아무런 짐도 없이 진도까지 갔지만 다음 날, 그리고 그다음 날이 되어도 다음 배에 온다던 딸은 오지 않았다. 진도체육관에 설치된 대형 스크린에서는 군함까지 동원해 생존자를 구조하는 중이라는 뉴스만 나왔다. 밖의 상황을 알 수 없어 답답했던 김정화 님은 팽목항에서 밤을 지새운 남편에게 전화를 걸었다. 그리고 그제야 무언가 이상하다는 걸 느꼈다.

"통화를 할 때마다 남편이 무슨 소리냐, 팽목항에는

아무것도 없다, 그래요. 뉴스에서 하는 말이랑 맞는 게 하나도 없더라고요."

언제까지고 기다릴 수만은 없는 노릇이었다. 진도체육관에 모인 학부모들 사이에서 청와대로 가자는 말이 돌았다. 그리고 그날부터 죽음으로 변한 학생들이 바다 위로 떠올랐다.

작가님처럼 젊은 사람을 볼 때마다 상상해요

가족을 잃어 슬픈 건 김정화 님뿐만이 아니었다. 남편도, 둘째 딸도 모두 같은 심정이었다. 그런 가족들 앞에서 마음 놓고 울 수도 없었던 김정화 님은 혼자 욕실로 들어가 물을 튼 채로 가슴을 쥐고 우는 소리를 감추곤 했다. 빛나라 님이 없는 방을 보는 것조차 괴로웠다. 딸을 잃은 시기에 살던 집을 나와 다른 곳으로 이사를 했지만 시간이 지날수록 그리움은 짙어졌다. 김정화 님이 할 수 있는 건 울지 않으려고 애를 쓰는 것뿐이었다.

"요새 결혼식장에 가면 생각이 많이 나요. 살아 있으면 스물일곱 살이거든요. 결혼할 나이니까. 조카들 결혼식에 가서 웨딩드레스를 입은 신부만 보면, 이제 우리 빛나라 차롄데, 하는 생각이 저절로 들죠. 그냥 작가님처럼 젊은 사람을 보면, 우리 애가 어떻게 컸을지 상상해요."

고 김빛나라 님의 사진과 물품들 ⓒ김정화

김정화 님은 참사 후 몇 년 동안은 긴 머리를 한 고등학생의 뒷모습만 보고 쫓아간 적이 한두 번이 아니라고 했다. 그때마다 딸이 하늘에 있다는 걸 주문처럼 외웠지만 소용없었다. 시간이 지나면 조금은 괜찮아질 줄 알았지만 오히려 매 순간 딸이 떠올랐다.

> "매일 라면만 먹고 살아도, 단칸방에 살아도, 우리 빛나라가 있었으면 좋겠어요. 자식을 가슴에 묻는다는 거, 말이 쉽지 절대 그렇게 안 돼요. 자식을 먼저 보내서 가슴이 찢어진다고 표현하는 것도 아쉬울 정도예요."

잃은 자식을 되찾을 수 없다면, 죽음의 이유라도 알아야 했다. 수학여행을 떠난 아이들이 어쩌다가 바다에 빠졌는지, 왜 초기에 구조 작업이 이뤄지지 않았는지, 해경을 비롯한 국가 기관의 컨트롤타워는 왜 제대로 작동하지 않았는지 알아야 했다. 팽목항에 왔어도 경호원들에게 둘러싸여 대통령의 얼굴은커녕 머리칼조차 제대로 볼 수 없었지만, 유가족들은 철저히 조사하겠다는 대통령의 말을 믿고 기다렸다. 어느 날 정부는 세월호참사 국가 배·보상 동의안을 내밀었다. 평생 나라를 믿고 살았고, 나라가 시키는 대로 살았던 사람들이었다. 그리고 각 가정에는 돌봐야 할 남은 자식들이 있었다.

또 세월호냐는 말

"나중에 알고 보니까 4·16세월호참사 가족협의회에서는 국가 배·보상을 거부하고 소송을 했더라고요. 2018년에 국가 상대로 승소를 했어요. 그런데 우리는 그런 선택지가 있는지 몰랐거든요. 정부는 그걸 모른 척하고 동의안에 서명하라고 한 거죠. 세월호 안에서 똑같이 죽음을 맞았는데, 이게 죽음의 차별이라고 생각할 수밖에 없었어요."

김정화 님처럼 아무것도 모른 채 동의안에 서명한 유가족들이 있는가 하면 배·보상을 거부하고 소송한 유가족들도 있었다. 국가는 소송 참여 여부에 따라 지급할 배상금을 달리했다. 그저 국가만 믿고 기다린 결과는 유가족들의 가슴에 또 한 번 상처를 냈다. 이대로 더는 가만히 있을 수 없었다. 배·보상안에 사인했던 사람들을 모았다. 그렇게 '0416단원고 가족협의회'(이하 단원고 가족협의회)가 만들어졌다. 이를 두고 인터넷에서는 "장사한다"라거나 "피해자 코스프레"를 한다는 말이 떠돌았다.

"정말 입에 담지 못할 이야기가 많았어요. 사이버 수사대에 의뢰를 해서 다 잡아들였더니, 우리 애 또래가 많았어요. 걔들이 뭘 알고 그랬겠어요. 어린 학생들은 다 선처를 해줬죠."

257

악플만큼이나 김정화 님을 괴롭힌 건 잘못된 내용을 보
도하거나 가짜 뉴스를 퍼뜨리는 일부 언론이었다. 법적
절차를 밟고 싶어도 세월호참사 유가족 전부가 비난당할
까 봐 그럴 수 없었다. 정확히는 '또 단원고'라는 말이 나
올까 봐 두려웠다. 세월호에 탄 단원고 학생이 많은 만큼
희생자도 많았다. 세월호 관련 유가족협의회는 하나가
아닌데도, 사람들은 모든 단체를 마치 같은 곳으로 보는
것 같았다.

> "일반인 가족협의회가 원했던 추모 공원은 이미 몇 년
> 전에 만들어졌어요. 이제 그분들은 추모 공원 관련
> 사업하기에 바쁘죠. 그런데 단원고 희생자들을 위해
> 서는 된 게 아직 아무것도 없어요. 생명안전공원 만
> 든다고 해놓고서는 지금도 시작을 안 하고 있잖아
> 요. 이러니까 우리가 약속을 지키라고 요구를 하는
> 건데, 사람들은 계속 세월호 이야기 한다고 하니까
> 속상하죠."

우리가 받은 연대를 되돌려주기 위해

김정화 님은 단원고 가족협의회가 물론 단원고 희생자
유가족으로서 모였지만, 지금까지 모임이 유지되는 건 세
월호를 알리려는 목적만이 아니라고 했다. 안산 지역 주
민들이 내민 손길을 맞잡을 여력이 없었던 예전과는 달리
이제는 그 마음을 이해하기에, 또 고맙고 미안하기에, 받

0416단원고 가족협의회에서 진행한 세월호 7주기 선상추모식 ©4·16재단

259

았던 사랑을 되돌려주기 위해 자꾸 모인다고 했다. 새해
에는 노인정에 떡국떡을 나누었고, 어린이날에는 선물 꾸
러미를 나누며 안전 캠페인을 했다. 그는 청소년기 학생
들이 안전하고 건강하게 자랄 수 있도록 돕는 4·16생명
안전공원 역시 하루라도 빨리 착공되어야 한다고 말했
다. 안전에 대한 고민이 깊어지던 사이 김정화 님은 서울
도심 한가운데에서 사람들이 사망했다는 소식을 들었다.
조카를 따라 몇 번 간 적 있었던 이태원 거리에서 벌어진
참사에 다시 세월호가 떠올랐다.

> "이태원은 늘 사람이 많았잖아요. 그런데 거기엔 어
> 른들이 잘 안 가요. 진작부터 어른들이 그곳에 관심
> 을 갖고, 안전사고의 위험이나 문제들을 발견했다면
> 젊은 청년들이 그렇게 하루아침에 길거리에서 주검
> 이 되지는 않았을 거예요. 사실 너무 황당하잖아요.
> 세월호도 그래요. 증축하면 안 되는데 증축을 했고,
> 원래 우리 아이들이 타려던 배도 아니었고. 대형 참
> 사를 들여다보면 다 똑같아요. 평소에 문제가 있어
> 도 그냥 내버려두다가 사건이 터지면 우왕좌왕하기
> 바빠요."

재난은 하루아침에 일어나지 않았다. 안일하게만 생각했
던 작은 문제들이 모여서 점점 커지고, 곧 재난으로 일상
을 덮쳤다. 이태원참사도, 노동자가 기계에 빨려 들어가

사망한 사고도, 오송 지하차도 침수도, 제천 화재도 김정화 님이 보기에는 모두 세월호참사와 크게 다르지 않은 사건처럼 보였다. 그리고 반복되는 참사와 죽음의 행렬에도 자신이 계속 싸우는 이유가 있다고 했다.

"안전한 사회가 됐으면 좋겠어요. 안전에 대한 고민을 하지 않았기 때문에 이런 일들이 벌어지는 거거든요. 그렇다고 내가 혼자서 어떤 희망을 걸고서 세상을 바꾸겠다는 게 아니에요. 내가 보고 있는 것에서부터, 내가 할 수 있는 것부터 해나가고 싶어요."

우리 가족만 행복하게 잘 살면 된다고 여겼던 김정화 님은 이제 더 많은 사람들이 안전하게 살 수 있는 세상을 꿈꾼다. 나만 잘 살면 되는 게 아니라는 것. 그것은 세월호참사로 딸을 먼저 보내며 정화 님이 얻은 교훈이었다.

나를 찾는다고 딸을 잃는 게 아니다

광화문에 설치된 세월호 기억공간을 철거하라는 오세훈 서울시장의 통보가 있고 난 후, '한 번 더 이사 가자'라는 문구가 적힌 유족의 사진을 본 적이 있다. 그 아래에는 이제는 제발 그만하라는, 일상으로 돌아가라는 댓글이 빼곡했다.

"저는 정치 잘 몰라요. 그냥 싫어요 이젠. 정치에다가

우리를 다 엮어서 이용하고. 우리가 원하는 거는 돈
도 아니고, 정쟁도 아니에요. '힘들었지? 고생 많았
다' 하고 우리 마음 알아주는 거예요. 위로해 주는
게 그렇게 힘든가요. 사실 누가 정권을 잡는지도 이
제 중요하지 않아요. 정권 교체가 됐어도 바뀌는 게
없었잖아요. 그런데 일상으로 돌아가라고요? 이만
큼 시간이 흘렀으니까?"

김정화 님은 일상으로 돌아가라는 이야기를 듣는가 하
면, 유가족 같아 보이지 않는다는 이야기도 들었다. 그
래서 기쁨도 슬픔도 적당히 감춰야 했다. 게다가 단원고
가족협의회의 위원장인 만큼 힘들면 안 되는 사람이었다.
어느샌가 김정화 님은 주변의 시선에 자신의 감정을 맞춰
가고 있었다. 그는 딸을 먼저 보내며 스스로를 잃었다고
느꼈다. 문득 슬픔 속에 사는 엄마를 하늘에서 보고 있
을 딸 빛나라가 떠올랐다. 그때부터 다시 자신을 찾으려
애썼다. 취미 활동을 하고, 공부도 했다. 자신과 일상을
되찾는다고 해서 딸을 잊은 건 아니었다. 다만 지금 느끼
는 감정을 거부하거나 외면하지 않기로 했다.

"예전에는 화장을 진하게 하거나 화려한 옷을 입고 다
니는 유가족을 보면, 저게 뭐야 하고 안 좋게 보기도
했어요. 그런데 사실은 그게 그분 나름대로 자신을
지키려고 한 행동이었죠. 제가 겪어보니 알겠더라고

0416단원고 가족협의회 위원장 김정화 님 ⓒ히니

요. 그렇게 직접 경험해 봐야 아는 거예요. 그렇다고
일상으로 돌아가라고 말할 수는 없어요. 유가족이라
고 해도 같은 유가족한테 그런 말은 하면 안 돼요."

곧 세월호참사는 10주기를 맞는다. 그리고 여전히 떠난
가족을 그리워하며, 슬픔에 허덕이는 사람들이 있다. 긴
시간 동안 자신과 딸을 동일시해 오다 이제는 딸의 부재
를 인정하는 한편, 자신의 속도대로, 스스로 할 수 있는
방법으로 일상을 사는 김정화 님은 '일상으로 돌아가는
시간'은 없다고 말한다. 설사 있다고 하더라도 돌아가는
순간을 정하는 건 오로지 자신만의 몫이라고. 그러니 각
자가 가진 속도를 이해해야 한다고 말이다.

"내가 이렇게 웃고, 떠들고, 즐거운 일상을 산다고 해
서 우리 빛나라를 잊은 게 아니잖아요. 이건 내 삶이
에요. 안전한 사회를 만들고 싶은 마음으로 작은 것
부터 조금씩 해나가고, 다시 내 삶을 사는 게 먼저
떠난 우리 딸에게 가장 좋은 모습을 보여줄 수 있는
길이라고 생각해요."

두려움도 걱정도 없어요

자식을, 또 가족을 잃은 김정화 님에게 시간은 약이 될
수 없었다. 청소년기에서 멈춰버린 딸의 시간을 간직한
채 딸이 성인이 된 모습을, 결혼하는 모습을 상상하면 잊

히기는커녕 그리움만 늘었다. 둘째 딸이 고등학교에 입학하던 때도, 빛나라 님이 사망했던 열여덟 살이 되던 때도 왜인지 자꾸만 불안했다. 다른 학부모 역시 김정화 님과 같은 심정이었다. 그렇게 모인 단원고 가족협의회는 그 불안과 트라우마를 동력 삼아 이제 모든 이의 생명과 안전을 위해 작게나마 할 수 있는 일을 찾는다. 대형 참사를 겪고도 변하지 않는 세상에, 희망이 보이지 않는 현실에 언제까지 이어질지 모르는 싸움을 앞둔 김정화 님은 두려움도 걱정도 없다고 했다.

"두려움요? 두려울 게 뭐가 있어요? 자식을 잃고 나니까 두려운 것도 없어요. 사람들의 오해나 시선도 무섭지 않고요. 그리고 싸움이라고 생각하지 않아요. 내가 있는 이 자리에서 할 수 있는 일을 한다고 생각해요. 그냥 바라는 게 있다면 세월호 10주기를 맞으면 정치인들이 늘 하는 보여주기식 요식 행위 없이, 우리 아이들이 안전하게 자랄 수 있고 또 아이들을 안전하게 기를 수 있도록 돕는 그런 나라로 바뀌었으면 좋겠어요."

그토록 많은 사람이 말하던 "일상으로 돌아가라"는 말은 김정화 님에게 이제는 과거가 되었다. 정화 님은 딸 김빛나라를 품고, 더 나은 내일을 향해 걷는다. 그것이 세월호 10주기를 앞둔 정화 님의 오늘이다.

매일
무너지고
매일
일어나요

4·16기억저장소 소장, 김도언 엄마 이지성

글 / 용우

"아이들을 팽목항에서 수습한 장소, 배치한 세월호 객실 같은 자료들이 다 흩어져 있어요. 다른 자료를 보면 도언이 빈소 차린 날이 2014년 4월 24일로 나와요. 아니거든요. 26일에 안치하고 빈소가 차려졌어요. 이 자료도 시간이 지나면 없어질 테고, 정리할 사람이 없어요. 지금 이 자료들을 문서 한 장에 표로 만들어서 볼 수 있게끔 준비하고 있어요."

이지성 님이 한층 더 밝고 낭랑해진 목소리로 문서를 보며 설명한다. 문서의 제목은 '희생자 김도언 연대기'. 문서 안의 표는 '성명 한글: 김도언'으로 시작한다. '생년월일, 수습된 번호, 발견일시, 배정객실, 발견장소, 안치일자' 따위 항목에 각 내용이 적혀 있다.

세월호참사 희생자 10주기를 준비하기 위한 기록 작업이라고 했다. 그 수많은 희생자의 자료를 모두 취합해서 정리하려면 또 얼마큼 시간이 걸릴까. 그가 세월호참사 기록에 이토록 마음을 쏟는 이유는 무엇인가.

슬픈 만큼 모질어지던 시간

2023년 10월, 4·16민주시민교육원 기억관 안에 위치한 4·16기억저장소 소장실에서 이지성 님을 두 차례 만났다. 그는 세월호참사 희생자 단원고 2학년 3반 3번 고 김도언 님의 엄마다. 현재 4·16기억저장소 소장과 4·16민주시민교육원의 기억관운영실 실장을 겸하고 있다.

이지성 님은 2015년부터 2018년까지 구술 기록에 참여했다. 그 증언록(《그날을 말하다: 도언 엄마 이지성》, 4·16기억저장소 기획, 한울아카데미, 2019)에는 그가 참사 초기에 겪은 일들이 생생하게 담겨 있다. 2014년 4월, 수학여행을 떠났던 딸이 바다에서 하늘로 떠나갔다. 못다 핀 자식의 장례를 치르고 일주일 동안 폐인처럼 지냈다. 위로하러 집에 들른 형부가 이런 얘기를 들려줬다. 도언이 장례식장에서 단원경찰서 형사인 후배를 만났단다. 유가족 집마다 사복경찰이 두 명씩 붙더라고.

정신이 번쩍 들었다. 내 아이가 억울하게 죽었다. 엄마가 넋 놓고 있으면 안 되지 싶었다. 그때부터 매일 아침 분향소에 나가 새벽에 귀가했다. 유가족들과 전국을 돌고 해외까지 나가 진상규명 활동에 앞장섰다. 몸이 부서져라 간담회를 하고 서명받고 농성하고 걷고 싸우고 한뎃잠을 자는 날이 이어졌다.

추모 집회에선 청와대로 가려다 경찰에게 연행되지 않으려 버스 밑으로 기어들어 갔다. 기동대원이 머리를 잡고 때리고 캡사이신으로 얼굴을 비벼도 상대방의 머리를 맞붙잡고 놓지 않았다. 그 와중에 모자가 벗겨졌다. 그 모자는 도언이 모자였다. 슬픈 만큼 모질어져야 했다.

참사 초기부터 유가족들은 '2학년 교실(4·16기억교실, 이하 기억교실)'을 단원고에 그대로 보전하려 했다. 추모와 교육의 장소로 쓰겠다는 생각이었다. 한편, 일부 재학생 부모들은 2학년 교실의 '조기 정리'를 계속 요구했다. 경

희생자 김 도언 연대기

성 명	한 글 : 김 도언	단원고등학교 2학년 3 반 3 번 (20303)
	영 문 : KIM DO EON	
	한 문 :金(김) 度(법도 도) 彦(말씀 언)	
	본 : 김영 (김)	

① 생년월일(주민등록번호)	1997.12.08. ■음력(11.9) □양력 19971208 - 2095611
② 출생지역 / 출생 시간	부산 / 오후 6시 10분
③ 형제자매	1남 1녀중 막내
④ 종교 / 세례명	불교
⑤ 초등학교	안산 석수초등학교
⑥ 중학교	안산 석수중학교
⑦ 수습된 번호	NO. 143
발견일시	2014. 04 . 23.
배정객실 / 발견장소	세월호 4층 SP3 / 세월호 4층 SP3
구명동의 착용여부	■ O / □ X
⑧ 뻘목함에서 이동 날짜/ 장례식장 (저녁포함)	2014. 04. 24. / 안산 고대병원
이송 차량	■ 운구차 □ 119구급차량 □ 기타( )
⑨ 안치일자	2014. 04. 26.
⑩ 발인일자	2014. 04. 27.
⑪ 추모시설	평택 서호추모공원

희생자 김도언 연대기. 고 김도언 님은 세월호참사로 별이 된 단원고 학생이다. ©용우

기도교육청(이하 교육청)이 재학생 부모와 유가족 부모가 참석하는 회의를 수차례 열었다. 회의는 도리어 싸움만 부추겼다. 연말이 가까워지자 교육청은 갑자기 대안을 제시했다. 4·16민주시민교육원을 새로 짓고 그곳에 기억교실을 복원하겠다고 했다.

4·16기억저장소(이하 기억저장소)는 참사 초기부터 기록 활동가들이 유가족과 함께 세월호참사 기록을 모으던 민간단체였다. 이 소식을 접한 기억저장소는 유가족과 함께 기억교실 존치투쟁에 나섰다. '416교실 지키기 시민모임'도 조직했다. 겨우내 거리에서 눈비를 맞아도 교육청 앞 피케팅, 서명운동, 기자회견을 하며 버텼다. 그런데도 재학생에게 2학년 교실을 돌려달라는 요구는 갈수록 드세졌다. 끝내 유가족들은 교육청의 중재안을 받아들였다. '단원고 교육 정상화'를 위해서였다. 기억저장소는 그 뒤에도 기억교실 문제 해결을 위한 회의에 계속 참석했다.

2016년 5월, '4·16안전교육시설 건립을 위한 사회적 합의 협약식'이 열렸다. '4·16안전교육시설(현 4·16민주시민교육원)' 건립과 운영, 기억교실의 한시적 이전 따위를 합의했다. 그날 일부 유가족들은 단원고를 지켰다. 그중에 한 엄마가 희생 학생들이 제적 처리된 사실을 우연히 알게 된다. 분노한 유가족들은 협약의 무효를 선언했다. 단원고를 점거하고 농성에 들어갔다. 교육청은 결국 희생 학생들의 명예 학적부 신설과 학적 복원을 약속했다. 유가족들은 1주일 동안 끌었던 농성을 접었다. 마침내 기억

단원고 4·16기억교실 2학년 3반 고 김도언 님의 책상에 앉은 이지성 님 ©이지성

교실을 이전하는 데 최종 합의했다.

　교실 문제 해결을 위한 회의에도, 교실을 지키려고 교육청 앞에서 피켓을 들 때도, 협약식 날 2학년 교실을 지킬 때도, 그 협약의 무효를 외치던 농성에도 이지성 님은 늘 가장 먼저 앞장섰다.

아이들 목숨값으로 꾸려간 기억저장소

그에게 기억저장소 소장을 맡아달라고 누차 부탁하는 이들이 있었다. 4·16세월호참사 가족협의회 임원들이 주로 그랬다. 매번 손사래를 쳤지만, 고심 끝에 기억저장소로 가기로 결심했다. 세월호참사 기록을 남겨야 한다는 생각과 4·16기억교실을 지키고 싶은 마음이 컸다.

　　"너무 상황이 안 좋아 보였어요. 가면 할 일도 많고, 고생할 게 뻔하고. 6개월 이상 고민했던 것 같아요. 그래서 저장소를 딱 갔는데, 그때부터 모든 걸 다 파악하게 되었죠."

2016년 7월, 기억저장소에 소장으로 부임했다. 당시 기억저장소는 거래처에 결제 대금이 쌓여 있었다. 실무자 월급도 밀린 상태였다. 수집한 자료들은 어디 뒀는지 찾기 어려웠다. 먼저 가장 친한 유가족 부모 여덟 명을 포함해 외부 전문가, 지지자들을 운영위원으로 모셔 왔다.

　그때부터 가족운영위원 엄마들하고 방송국과 행사

장을 다니며 기억저장소를 알렸다. 다섯 달 만에 2600명이 넘는 '기억회원'과 1억 원이 넘는 후원금을 모았다. 그 뒤로 기억저장소 실무자들에게 최저임금을 지급했다. 아이들 목숨값으로 모은 돈이라 여겼다. 아이들을 위해 값지게 써야겠다 다짐했다.

세밑이 지나자마자 26년 차 기록관리 경력자 이은화 님을 영입하며 기록물 관리를 체계화했다. 전문가들의 도움과 자문을 구해가며 세월호에서 쏟아져 나온 유품의 보존 처리에도 나섰다. 기억저장소 엄마들, 실무자들과 함께 막막하고 힘겨운 시간을 헤쳐나갔다.

만들긴 쉬워도 지키긴 어려워요

기억저장소에 와서 한 달이 더 지난 2016년 8월. 단원고에서 '기억교실 이전식'이 열렸다. 2학년 교실의 책걸상과 물품을 옮기는 예식을 했다. 무수한 인파와 차가 기억 물품들을 단원고에서 안산교육지원청 별관으로 날랐다. 다만 희생 학생 세 명, 미수습 학생 네 명의 책걸상은 단원고 교실에 남았다. 그중에는 도언이의 책걸상도 있었다. 도언 엄마는 '손대지 말라'는 메모를 도언이 책상 위에 남겼다.

기억저장소 소장으로서 학교에 잠깐 들렀을 뿐, 이전식에 참석하지 않았다. 그때까지도 교실 이전과 이전식 행사를 반대해 왔던 터였다. 아이들의 흔적이 남은 교실을 지키지 못해 분했다. 기억교실이 어찌 될지도 알 수

2장 10년의 기억을 품은 사람들

없었다. 여태까지 돌아오지 못한 미수습 학생들도 마음에 걸렸다. 도언이 사십구재를 지내고 반년 가까이 주말마다 50~60인분씩 음식을 싸서 진도에 내려가 미수습자 가족과 나누었던 그였다.

 "제가 엄마들한테 책상 빼지 말라고 했어요. 왜냐면 아직 미수습자가 있잖아요. 미수습 학생들까지 다 돌아오면 같이 임시 이전해서 간다. 그 마음이었어요."

이전식 한 달 뒤, 안산교육지원청 별관에 들러보았다. 옮겨 간 책걸상과 기억 물품들은 강당에 처박혀 있었다. 이삿짐 포장도 뜯지 않았다. 마치 창고에 쌓은 물품 같았다.

 "처음에 임시 이전 했을 때, 교육청이 예산이 없다고 기억교실 문을 닫아 놨었어요."

그때부터 저장소 엄마들과 책걸상과 비품을 닦고, 전시물을 하나씩 만들었다. 교육청과 싸워가며 기억교실 개방을 위한 예산을 얻어냈다. 그렇게 석 달을 보낸 11월, 기억교실을 다시 열었다. 그 뒤로 3년 동안 기억교실과 함께 기구한 시절을 버텨냈다.

 드디어 기억교실 복원마저 눈앞에 둘 즈음. 기록으로서 기억교실의 가치를 인정받기 위해 바삐 움직였다. 노력은 결실을 맺었다. 2021년 12월, 국가기록원은 '단원

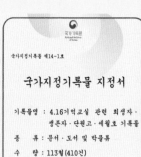
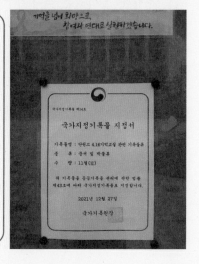

위　'기억교실 이전식' 후에도 2학년 3반 김도언 님의 책상은 한동안 교실을 떠나지 않았다. ©한겨레 김봉규

아래　국가기록원은 '단원고 4·16기억교실'을 국가지정기록물 '14호'로 지정하고 4·16기억교실 관련 피해자·단원고·세월호 기록물도 국가지정기록물 '14-1호'로 지정하였다. ©4·16기억저장소, 용우

고 4·16기억교실(공간기록)'을 국가지정기록물 '14호'로 지정하였다(2021. 12. 27.). 다시 1년여를 준비해 4·16기억교실 관련 피해자·단원고·세월호 기록물 113철 410건도 국가지정기록물 '14-1호'로 지정받았다(2023. 1. 6.).

> "정권이 바뀔 때마다 어떻게 될지 모르잖아요. 그래서 기억교실을 없앨 수 없게끔 만들고 싶었어요. 그럼 기록물의 가치를 인정받으면 되거든요. 기억교실을 국가지정기록물로 지정받고 유네스코 세계기록유산에 올리려는 이유가 다 있어요. 기억공간을 만드는 건 쉬울 수 있어요. 근데 이걸 지키기는 쉽지 않아요."

한 명 한 명의 이름을 기억하라

지난 8년 동안 세월호참사를 기억하기 위한 전시를 줄기차게 이어갔다. 부임하고 얼마 지나지 않아 기억프로젝트 '금요일엔 함께하렴'을 기획했다. 손글씨로 쓴 단원고 희생자 261명의 '기억시' 전시를 제안했다. 견적을 내보니 액자 261점을 만드는 비용만 1000만 원이 넘었다. 버거워 보였지만, 전시를 해보자고 밀어붙였다. 그전에는 해본 적도 없는 일이었다.

> "아이들 250명, 선생님 11명, 이 숫자가 아니라 김도언, 허재강, 한고운, 임경빈… 이렇게 한 명 한 명의

이름을 알리고 싶었어요. 사람들은 단원고 희생자가 261명이라고 하면 '뭐 그렇구나' 해요. 근데 합동분향소에 와서 희생자 영정사진 261개를 보면 '이렇게 많은 아이들이…' 하면서 놀라는 거죠."

2021년, 세월호참사 피해자들의 구술 증언록 《그날을 말하다》(4·16기억저장소 기획, 한울아카데미, 2020)를 100권의 책으로 펴냈다. 피해자 가족, 민간 잠수사, 동거차도 어민, 유가족 단체 구성원들의 구술 기록이 담겼다. 이 프로젝트는 2015년 6월부터 4년간 이어졌다. 그가 기억저장소로 오기 전부터 이미 진행되었던 작업이다.

"구술 자료를 그냥 자료로만 남기면 그건 소장용밖에 안 돼요. 누구나 쉽게 볼 수 있고 그날의 참사를 알 수 있게끔 활자로 나와야 해요. 그럼 책을 발간해야 하는 거죠."

싸울수록 줄어드는 품

그날 이후로 정신없이 싸우고 많은 활동을 벌였다. 그러는 동안 주변을 살피고 돌아볼 여유도 줄어갔다.

"아들이 군대 있을 때 면회 한 번 안 갔어요. 저장소 대표를 맡다 보니 못 갔죠. 휴가 나와서도 자기가 지게 지고 벽돌 날라서 용돈 벌고, 부대 안에서 세

277

월호참사에 대해 안 좋게 얘기하는 애들하고 싸우
고…. 그런 얘기도 나중에 애가 제대하고 나서야 들
었어요. 엄마, 아빠도 투쟁하느라 힘드니까 얘기할
수 없잖아요. 용돈 달라고, 자기도 힘들다고요. 그
해 4월에 도언이를 잃고 6월에 아들이 입대했어요.
근데 애가 제대하고 집에 오니까 도언이의 부재가
더 크게 느껴졌어요. 그래서 그 한 해를 우리 가족이
서로 너무 힘들게 보냈어요."

황금이는 도언이가 졸라서 데려온 반려견이다. 황금이는
힘들 때 옆에 와서 위로해 주는 집안의 막내였다. 2023년
10월 10일, 황금이도 별이 되었다. (이 인터뷰를 한 날은 황금
이를 보낸 지 고작 20일도 지나지 않은 때였다. 두 번째 인터뷰는 2023
년 10월 29일에 이루어졌다.)

"우리가 감정이 격해지면 힘들다 보니까 다른 집처럼
황금이를 많이 못 챙겨줬어요. 이번에 황금이 떠나
가고 알았어요. 도언이 가고 나서 황금이 사진을 우
리가 한 번도 안 찍었던 거예요. 도언이가 얘 찍어놓
은 사진밖에 없는 거지. 우리가 너무 무심했구나!"

도언 엄마는 황금이 이야기를 하다가 갑자기 책상으로
향했다. 티슈를 꺼내 쏟아지는 눈물을 닦기 위해서였다.

278

김도언 님이 생전에 찍은 반려견 '황금이'의 모습. 황금이도 2023년 10월에 별이 되었다.
ⓒ이지성

매일 무너져도 지켜야 했던 자리

기억저장소에서 보낸 시간은 이골이 나도록 싸워야 하는 시간이었다. 기억저장소가 관리하는 기억교실과 4·16기억전시관, 그리고 기록물을 지키기 위해 끊임없이 요구하고 관철하고, 외압을 막아내야 했다.

> "지금은 유가족이 기억저장소 소장을 맡아야 된다고 봐요. 유가족이 대표로 있어도 이렇게 치고 나가기 힘든데요. 유가족이 아니면 이걸 헤쳐나갈 수가 없어요."

그렇지만 유가족들의 힘으로만 기억공간과 세월호참사 기록물을 지킬 수 없는 노릇이다.

> "남들은 뭐 유가족이 완장 찼다고 생각하겠지만요. 저는 항상 어딜 가도 90도로 인사해요. 그만큼 절박하기 때문에 읍소할 수밖에 없어요. 외부에 있는 분들과 전문가분들이 도와주지 않으면 기록물을 관리하고 이곳을 지킬 수 없거든요."

기억저장소에서 리더로 지내는 동안 외롭지 않았냐고 물었다.

> "저는 이끌어가고 결정하고 추진하는 사람이기 때문

에 외롭죠. 집에 갈 때 진짜 무너져요. 근데 아침 되
면 또 나가요. 매일 무너지고 매일 일어나요."

그럼에도 뒷사람을 위해서 지금 서 있는 자리를 탄탄하
게 다져야 했다.

"이 일을 누구라도 해야 하면, 어차피 그 첫 번째는
'나'죠. 제 뒤에 오실 분이 조금 더 편하게 안정적으
로 일하도록 만들어놓자. 그게 내 역할이다. 힘들어
도 무너지지 말자."

희생자를 기억하기 위한 여정의 시작

매일 무너지면서도 세월호참사 희생자들을 하나하나 기
억하기 위한 일들을 놓지 못했다. 대체 무엇이 그토록 버
거운 일을 계속하게 했을까.

2015년, 진도에서 도언이가 수학여행 때 가져갔던
카메라가 올라왔다. 나름대로 씻었지만 탐탁지 않아 수
리업체에 세척을 맡겼다. 한참 뒤에 찾으러 갔다. 직원이
일일이 분해해서 클리닝 작업을 했다고 했다. 감사하다며
비용을 드리겠다고 할 때였다.

"갑자기 그 업체 대표님이 나오셨어요. '아니에요, 어
머니! 그냥 가져가세요. 제가 해줄 수 있어서 정말
다행이에요. 제가 세월호참사로 희생된 아이들에게

281

뭐라도 해줄 수 있어서 다행이에요' 하면서 그분이
우시더라고요. 그 대표님이 우시더라고⋯."

그때부터 도언이 물건이 올라오면 훼손되지 않게 오래 보
관할 방법을 궁리했다. 어쩌면 그때부터였을지도 모른다.
도언이와 도언이 친구들의 기록물 보존을 향한 험난한
여정의 시작은.

　도언이의 추억이 담긴 물건은 유난히 많았다. 중3
때 엄마와 맞춘 커플링, 수학여행 다녀와서 쓰자고 했다가
못 쓴 영화 티켓, 엄마랑 수학여행 전날 사서 가져갔다가
바다에서 올라온 반바지, 엄마한테 받아 간 손거울, 가입
관 할 때 잘라달라 부탁해서 받은 도언이 머리카락⋯. 도
언이가 쓰던 칫솔도 아직 집에 있다. 밤이 되면 도언이 방
에 불을 켰고 한 번도 끈 적이 없다.

　도언이의 물건이라면, 도언이를 떠올리게 하는 것이
라면 무엇 하나 허투루 버릴 수 없었던 엄마. 그 엄마의 딸
은 유난히 친구들을 좋아하고 챙겼다. 딸의 친구들도, 그
친구들이 남긴 물건과 이야기들도 소중할 수밖에 없었다.
그런 엄마였기에 '단원고 희생 학생 250명'이 아니라 모두
한 명 한 명씩 제 이름으로 불리길 바라지 않았을까.

기록이란 마음을 모으는 일

참사 직후 팽목항에서 보냈던 기억은 통째로 사라졌다.
투쟁했던 기억들은 또렷했다. 다만 그 투쟁을 몇년도에

김도언 님의 방에 있는 물건들. 카메라, 손거울, 신발 등은 도언이가 2014년 수학여행에
가져간 물품들이다. 이지성 님이 진도에서 입수하여 세척했다. ©이지성

했나 따져보면 기억나지 않았다. 햇수로 10년이나 흘렀
다. 기억할 일은 많았고 그만큼 잊어버리는 일도 많았다.

"기록이 사라지면 기억도 사라지거든요. 기록을 보면
서 기억을 다시 복기하잖아요. 기억은 왜곡될 수가
있어요. 근데 이 기록을 보면 다시 기억하거든요. 지
금 내가 한 구술이 예전에 했던 구술하고 달라질 수
있어요. 그때의 분노와 지금의 분노도 다르고요. 기
억이 왜곡되기 전에, 시간이 더 지나기 전에 이 구술
을 기록으로 남겨야 해요."

희미해지는 기억보다 더 서글픈 일이 있다. 바로 야속하
게 흘러가 버린 10년의 세월이었다.

"2015년, 2016년, 2017년… 2023년 이렇게 해가 갈
수록 사람들이 세월호참사를 기억하는 온도가 달라
져요."

세월호참사 기록을 위해 7년 넘게 달려온 세월. 기록이란
무엇이라 생각하는지 물어보았다.

"기록은 마음을 모으는 일이라고 봐요. 세월호참사
를 기억하는 마음, 한마음으로 팽목항과 진도체육
관을 달려왔던 그 마음. 그리고 TV를 보면서 무

284

사 귀환을 바랐던 그 마음. 이걸 후손들이 보는 거죠. 국가가 국민의 생명과 안전을 책임지지 않았지만, 국민들이 다시 국가를 살려냈구나. 이런 마음들이 모여서 기록을 남기고, 우리가 싸울 힘을 만드는 거죠. 투쟁의 원천은 기록에 있어요. 그게 기록의 힘이에요.”

그는 유가족과 함께하는 시민들을 ‘단원고 11반’이라 불렀다. 2015년 안산에서 팽목항까지 도보로 행진할 때부터 그랬다. 2024년은 세월호참사로 별이 된 이들의 10주기이다. 10주기를 앞두고 단원고 11반 학생들에게 간절하게 전하고픈 마음이 있다.

“10주기에는 무엇을 할 거냐는 질문이 많이 들어와요. 저는 그렇게 얘기하거든요. ‘10주기에 무엇을 계획하고 있느냐?’ 묻는 것보다 오히려 이렇게 질문하시는 분들이 ‘10주기에 무엇을 하겠다’를 저한테 얘기해 줬으면 좋겠다. 2014년 4월 16일로 돌아가서 그 마음으로 다시 투쟁할 준비가 되어 있는지 물어보고 싶다고요.”

기꺼이
'우리'가
되었으면
좋겠어요

단원고 희생자 박성호의 누나 박보나

글 / 변정윤

상처로 가득한 고향

안산 고잔역 인근에 공간 '라온숨'이 있다. 세월호참사
로 희생된 단원고 학생들의 형제자매를 위한 공간으로,
2020년 안산 온마음센터에서 만들었다. 단원고 학생이었
던 동생을 잃은 누나 박보나 님을 '라온숨'에서 만났다.
햇살이 창을 통해 쏟아져 들어온 덕분에 가을 문턱의 쌀
쌀한 날씨에도 공간은 무척 따뜻했다. 박보나 님과의 첫
만남은 그의 어머니가 급히 병원에 입원하면서 미뤄졌다
가 보름 뒤 이루어졌다. 먼저 어머니의 안부를 물었다.

"엄마는 참사 후 2018년까지 활동을 많이 하셨어요.
중간에 단식을 하셨는데 그때부터 건강이 급격히 안
좋아지셨어요. 그래서 좀 쉴 시간이 필요했어요. 아
예 외출도 안 하시다가 한 3년 정도 시골에 내려가
계셨어요."

어머니는 참사 이후 거리에서 많은 시간을 보냈다. 평소
에 건강했던 어머니는 활동 과정에서 단식 후 건강이 나
빠지면서 모든 것에서 벗어나고 싶어 했다. 귀농을 했으
나 수시로 병원에 가야 할 만큼 건강이 악화되어 3년 만
에 다시 안산으로 돌아왔다.

박보나 님의 첫째 동생은 독립해서 따로 생활하고
있다. 성인이 되면 독립하는 것은 자연스러운 일이지만
그는 상처를 가득 안은 채 안산을 떠났다고 한다.

287

"동생이 성당에서 알고 지내던 분들에게 상처를 많이 받았어요. 안산 자체도 힘들어 싫고 분리가 좀 필요했던 것 같아요. 상담도 오래 받았는데요. 안산을 벗어나고 싶다고 이사 가서 지내다가 최근에 엄마 보러 집에 왔었어요. 여전히 안산이 많이 힘들다고 하더라고요. 답답하기도 하고."

박보나 님의 집안은 친가 쪽으로는 3대째, 외가 쪽으로는 5대째 가톨릭 신앙생활을 했다. 어릴 때부터 가족들은 성당에 다녔고 동생들과 함께 성당 활동도 많이 했다. 그러나 박보나 님은 지금 성당을 잘 나가지 않는다.

"참사도 크게 영향을 미쳤죠. 과연 신이 있나? 신을 원망하면서도 기도도 하고 그랬던 순간들이 있었어요. 종교가 그렇게 정의롭고 정직하지 않은 것 같아요. 정의로운 종교인도 많은데 좀 따로 보게 됐던 것 같아요."

아픔도 상실도, 서로가 있어 버틴 시간

'라온숨' 이전에 형제자매들의 공간인 '우리함께'가 있었다. 안산시 복지관 네트워크에서 2014년부터 운영하다가 2018년 문을 닫았다. '우리함께'가 문을 닫기 전까지 단원고 학생들부터 형제자매까지 누구라도 와서 쉴 수 있는 곳이었다. 선생님에게 위로를 받으며 울기도 하고 어디에도 꺼내놓을 수 없었던 마음을 드러내고 달랬다. 같은 아픔을 가졌지만 부모들과 공유하거나 나눌 수 없는 것들을 여기서 나눴다. 나누지 못하는 것들은 그것대로 존중받았다.

"공간이 분리돼 있으니까 힘들 때 와서 쉬기도 하고, 형제자매가 아닌 친구를 데리고 와서 얘기도 나눴어요. 친구와 세월호의 상처 같은 것들을 얘기할 수 있었고, 이런 사람들이 있다는 자각도 했던 것 같고요. 형제자매들에게 괜찮은지 안부를 묻고 걱정해 주는 게 큰 위로였어요.

　　여행 갈 때는 바다를 힘들어하는 친구들도 많으니까 숲으로 갔어요. 조용한 숲은 또 다른 위로가 되었어요. 프로그램들 덕분에 형제자매들과 여행하면서 많이 친해졌어요."

'우리함께'에서 형제자매들은 함께 여행을 하고 천연 화장품을 만들고 캘리그라피와 드럼을 배웠다. 사진 모임과 전시 관람을 하고, 연극과 콘서트에 초대되어 가기도 했다. 이곳은 부모님들이 삭발하는 모습을 보면서 형제자매들이 기자회견을 준비했던 곳이기도 하다. 세월호라는 단어를 꺼내고 얘기하는 게 힘들었던 시기, 부정적인 이야기들은 형제자매들에게 큰 영향을 미쳤고 그럴 때마다 형제자매들은 더 모였다. '우리함께'는 2018년 문을 닫기 직전까지 형제자매들과 세월호를 지원하는 든든한 버팀목이 되어주었다. '우리함께'에서만큼은 편안하게 숨을 쉴 수 있었다.

　　진도와 체육관에서 느닷없이 피해자들을 찍어대던 수많은 카메라와 번쩍이며 터지던 플래시를 형제자매들은 기억한다. 피해자들의 상황을 전혀 고려하지 않은 채 자극적인 이미지와 확인되지 않은 내용을 끊임없이 보도하는 언론의 민낯까지도. 피해자들은 대상화되어 자신이 찍히는 것과 카메라 자체에 대한 두려움이 있다. 자신이 피사체를 찍는 경우에도 마찬가지다. 사진을 전공하는 학생의 도움으로 사진 공부를 하고 모임도 했다. 형제자매들이 모여서 무엇인가를 함께 배우는 것이 좋았다. 그렇게 시작한 사진 모임은 2년 뒤 사진전으로 이어졌다.

　　"사진 찍고 찍히는 게 왜 힘들었는지 마주하면서 조금은 극복이 됐어요. 사진전을 통해서 '피해자답다'는 것에 대해서 얘기하고 싶었어요. 여행 사진이나 일상을 찍기도 하고, 동생 봉안함을 주기별로 꾸며서 사진에 담는 형제자매도 있었어요. 카메라는 현장이나 그 순간을 포착하는 건데 그걸 통해서 하고 싶은 얘기를 담을 수 있다는 것도 좋았어요. 그리운 순간을 담아서 얘기할 수 있었던 것도 저희에게 좀 다른 경험이었어요. 그동안 언론 인터뷰 등을 통해 표현했을 때와는 또 다른 느낌이었어요."

세월호참사 희생자의 형제자매 사진전 ⓒ박보나

형제자매들이 공통으로 겪는 상처와 트라우마가 있다. 박보나 님도 세월호참사 당시 몸에 물이 닿는 것이 슬펐고, 미안해서 따뜻한 물로 씻을 수 없었다. 이불을 덮는 것도 미안하고 모든 것이 미안해서 보일러도 켜지 않았다. 여전히 따뜻한 물을 몸에 못 대는 형제자매들이 있다. 물에 잠겨 코가 막히는 순간이 연상되기 때문이다. 바다와 배를 보는 것은 말할 것도 없고, 샤워기에서 쏟아지는 물도 고통스럽다.

박보나 님의 가족은 매년 바다로 여행을 다녔다. 지금은 바다를 바라보고 그 앞에 서는 것이 두렵다. 형제자매들 중에는 스쿠버다이빙을 배우거나, 외국에 나가서 배를 타기도 하고 잠수사 자격증을 딴 이들도 있다. 그들은 참사 당시 느꼈던 고통과 아물지 않는 상처 속으로 들어가 정면으로 트라우마를 마주함으로써 트라우마를 극복하는 것을 선택했다. 박보나 님은 안구운동 민감소실 및 재처리 요법 치료를 요청했다. 트라우마와 스트레스 관련 장애 치료에 사용되는 심리 치료 기술의 한 형태다. 외상 경험을 재구성하고 재처리하여 정서적 고통을 완화하고 정신 건강을 개선하는 데 도움이 되는 것으로 알려져 있다.

"상담을 받고 조금씩 나아지고 있었는데 이태원참사와 오송 지하차도 참사 이후로 증상이 다시 나타나고 반복되니까 힘들었어요. 집중력도 떨어지고 물속

292

에 잠긴 것 같은 그런 느낌이 들어요. 특히 오송참사
는 물과 관련된 사건이라 그런 감각들이 더 느껴졌
어요. 바다 이미지를 계속 보는 것도 어려워요. 트라
우마는 극복되는 것이 아니라 '외상 후 성장'이라고
표현한다고 해요. 트라우마와 같이 잘 살아가는 법
을 배워야 된다고 하더라고요."

재난, 참사, 그와 비슷한 충격적인 사건을 겪은 사람들
은 삶의 방향이 전환되는 경우가 많다. 극심한 트라우마
를 겪고 나면 기억은 과거의 장면을 실제보다 더 생생하
게 재현해 낸다. 경험하지 않은 사람들은 상상하기 힘든
지독한 고통이다. 트라우마는 삶이 완전히 바뀌는 차원
의 문제로 '초월하여' '~의 저편에' '다른 상태로' 등의 의
미를 가진다. 불행한 기억으로 인한 트라우마는 그보다
더 강력한 기억으로 덮어버림으로써 헤어날 수 있다고 전
문가들은 말한다.

휘둘리지 않는 삶

무지는 사실을 왜곡하면서 혐오와 차별을 낳고 결국 편
견으로 굳어진다. 참사 그 자체가 잘못이라는 것을 외면
하고 생존자를 향해 비난과 혐오의 말들을 내뱉는다. 언
론은 사고 영상을 반복적으로 보여주고, '표현의 자유'를
들먹이며 SNS를 통해 근거 없는 주장들을 쉴 새 없이 쏟
아낸다. 그 결과 치유받아야 할 피해자들은 자신의 상처

를 숨기고 더 깊은 고통 속으로 들어간다. 피해자가 숨는 사회는 바람직한 사회가 아니다. 사회적 참사는 개인이 감당할 수 없으며 사회 공통의 운명으로 받아들이고 이를 수습하고 재발을 방지하기 위해 공동의 노력을 기울여야 한다.

> "참사 직후 상당히 많은 사람이 죽어가는데 의전이 먼저였고 가짜 뉴스도 많았어요. 국가가 구조를 방해하고 있었거든요. 화도 나고 답답했어요. "왜 배 타고 수학여행 갔냐?" "놀러 갔는데" 그렇게 말했어요. 그런데 이태원참사 때도 "왜 거기 갔냐" "술 마시고 놀러 갔는데" 이런 말들이 똑같이 있더라고요. 저와 똑같은 일을 이 사람들이 겪는 게…. 이태원참사 피해자들을 국가 돈으로 지원해 주지 말라고 누가 국민청원을 올린 걸 보고 되게 충격을 받았거든요. 돈에 관해서 듣는 거나 이런 건 좀 힘들긴 하더라고요."

피해자의 고통에 공감하는 사람들, 아픔을 함께 짊어져 준 친구들, 동병상련의 형제자매들로 박보나 님의 관계는 재구성되었다. 그들의 존재가 더없이 귀하다. 타인의 고통보다 보상금을 더 궁금해하는 사람들과는 관계를 끊었다. 참사를 보는 관점이 피해자와 친척들이 같을 수는 없다. 그러다 보니 관계가 소원해지는 경우도 생겼다.

"삶이 완전히 주변부로 밀려난 것 같아요. 그전에는 편입하고 취업하고 돈도 벌고…. 제가 첫째니까 그런 생각을 가졌어요. 지금은 성공이나 사회적 지위 같은 건 전혀 생각하지 않아요. 어떤 게 잘 사는 삶인지, 행복한 삶이 무엇인지 지금은 생각하지 못하고 있어요. 그래서 많이 공허하고 힘들기도 해요."

소중한 사람을 잃은 그 지점에서 삶의 변화가 일어났다. 박보나 님은 삶의 중심에 있는 것들이 무엇인지 계속 찾아가는 과정에 있다. 남과 비교하는 삶, 타인의 삶을 부러워하고 경쟁하는 삶을 쫓아갈 생각은 없다. 참사 후 삶을 대하는 철학과 시각이 달라졌고 시야는 확장되고 있다. 인생 전체를 흔들어버릴 만큼 강한 트라우마를 겪은 사람들은 이전의 삶으로 돌아가지 않는다는 특징을 공통적으로 가지고 있다.

노란 리본의 순례자들

2016년 세월호참사 희생자의 형제자매 두 명과 천주교 신도 청년 네 명이 산티아고 순례길에 올랐다. 순례길에 오를 수 있도록 도운 이들은 대전 어느 성당의 청년 신도들이었다. 성당 자체적으로 세월호 추모제를 준비하면서 형제자매들과 인연을 맺었다. 청년 신도들이 직접 작사, 작곡한 추모곡 녹음에 형제자매들이 참여하고 영상 인터뷰를 했으며, 성당 추모제에 참석해 발언도 했다.

"성당에서 녹음한 음반과 스페인어랑 영어로 번역한
전단지와 노란 리본, 세월호 팔찌를 좀 가져갔어요.
세월호 희생자를 생각하며 걸었다면서, 순례길에 십
자가를 두고 찍은 사진들을 갖다주신 분이 있었어
요. 물에 빠진 배의 사진을 엽서로 만들어서 세월호
를 기억해 달라는 문구를 스페인어랑 한국어로 적어
걸어놓으신 분도 있었고, 리본을 순례길 중간중간에
묶어놓은 분, 가방에 리본을 달고 걷는 한국인 분도
만났어요. 외국인인데도 같이 안타까워하고 잘 몰라
도 읽어보겠다고 따뜻하게 대해주는 분들이 많았어
요. 감기에 걸렸을 때 따뜻한 옷을 주거나, 일행 중
한 명이 물집이 터져서 아파할 때 멈춰서 도와주시는
분들도 있었어요. 길을 몰라서 헤맬 때, 주민분이 자
기가 가는 길과 반대편인데도 안내해 주신 게 기억
에 남아요."

800킬로미터를 걸어 최종 목적지인 산티아고 데 콤포스
텔라 대성당에 도착하기까지 몸은 힘들었지만 낯선 사람
들과 길 위에서 나눈 따뜻한 온기는 잊을 수 없다. 세월
호참사의 고통에 공감하고 연대의 인사를 전하는 것만으
로 꿋꿋하게 살아갈 용기가 생겼다.

"순례길이 끝나면 성당에서 향을 피우는 게 전통이에
요. 저희가 왔다고 세월호 희생자를 위한 미사를 봉

산티아고 순례길 곳곳에 붙은 세월호 사진들 ©박보나

헌해 주셨어요. 파리 총기 난사 피해자 가족분들도
오셨는데 같이 추모미사로 봉헌해 주시고. 산티아고
시장님도 만나고, 주교님이 기도하겠다고도 얘기해
주셨어요. 떼제미사에도 봉헌을 해주면서 청년들이
랑 같이 얘기도 하고. 고통 자체만으로도 되게 슬픈
일이라고 기도해 주고 안타깝다고 위로해 주는 모
습들이 큰 힘이었어요."

기꺼이 '우리'가 되기

박보나 님은 언제가 되더라도 세월호참사의 진실은 꼭
밝혀내야 한다고 말한다. 진실이 밝혀지지 않은 채 10년
의 세월이 흘렀다. 그동안 피해자들은 열심히 활동했고
추모 공간을 비롯한 나름의 성과를 냈지만 어느 것도 흔
쾌하지 않다. 정부는 세월호참사를 진정성 있게 다루지
않았고 생명안전사회의 기틀을 마련하지 않았으며, 피해
자가 일상에 복귀할 수 있도록 지원하지 않았다.

"진실이 규명되어야 희생자의 명예가 회복되고 그때
서야 진짜 애도가 시작된다고 생각해요. 활동의 방
식이 좀 달라지더라도 세월호 이야기를 간간이 할
거예요. 당사자로서 할 수 있는 이야기들이 있다는
걸 알게 돼서 그걸 잘 전하고 싶어요. 부모님처럼 하
지는 못하겠지만요."

박보나 님은 세월호와 코로나19를 경험하면서 삶과 죽음
이 무엇인지, 사람들의 관계와 삶의 방식에 대해서도 생
각하게 되었다. 자본 증식을 위해 지구 생태계를 훼손하
며 생활을 지탱하는 방식이 지속 가능한 것인지도 의문
이다. 그동안 당연하게 여겼던 것들이 얼마나 인간과 사
회를 파괴했는지, 여러 참사들이 그와 무관하지 않다는
것을 알았다. 기후위기로 인한 환경의 변화는 다른 재난
과 참사를 예고하고 있지만 우리는 속수무책이다. 안전
한 사회를 외치는 것은 현재 우리가 불안한 사회를 살고
있기 때문이다. 혼자서는 바꿀 수 없지만 같이 도모할 때
작은 변화의 씨앗이라도 심을 수 있지 않을까.

"사회적 참사가 많이 일어나고 기후위기나 여러 가지
문제들이 계속 이야기되고 있어요. 안전하지 않은 사
회에 대한 불안감도 더 커지는 것 같아요. 혼자서는
바꿀 수 없는 문제잖아요. 저도 무력감이 들 때면 좀
내려놓고 싶을 때도 있어요. 그런데 포기하지 않고
조금이라도 노력하는 게 중요하다는 것을 많이 느꼈
어요. 그래서 사람들도 같이 했으면 좋겠어요."

박보나 님은 포기하고 싶을 때마다 동생의 마지막 순간
을 떠올린다. 동생이 느꼈을 고통의 크기와 자신의 힘든
상황을 비교하면서 다시 일어선다. 그것이 그를 지탱해
주는 원동력이 되다가도 어떨 땐 지치고 힘이 들기도 한

다. 느닷없이 밀려오는 상실감과 외로움으로 힘들 때도
있다. 그러다가도 타인의 가방에 달린 노란 리본을 만나
면 혼자라는 외로움과 고통은 사라지고 참사를 기억하
는 내 편이 있다는 든든함을 느낀다.

사회는 타인의 고통에 기꺼이 '우리'가 되기를 선택
해야 한다. 절대 예전의 삶으로 돌아갈 수 없는 참사 피
해자들과 함께 모두가 예전으로 돌아갈 수 없다. 우리는
세월호참사 10주기를 맞아 해결하지 못한 과제를 공통의
과제로 삼아, 진상규명과 생명안전사회를 향해 뚜벅뚜벅
걸어가야 한다. 그러지 않으면 우리는 전체를 잃을 것이
다. 기적을 만들어낼 공감과 연대의 힘은 우리 안에 응축
되어 있다. 박보나 님이 앞서 말했던 내용을 다시 인용하
며 '우리'와 '함께'의 의미를 되새겨 본다.

"혼자서는 바꿀 수 없는 문제잖아요. 포기하지 않고
조금이라도 노력하는 게 중요하다는 것을 많이 느
꼈어요. 그래서 사람들도 같이 했으면 좋겠어요."

기꺼이 '우리'가 되었으면 좋겠어요

형제자매 독일기행 중 4·16세월호참사 알리기 피케팅 ©박보나

노래를
불러서
네가 온다면

416합창단 단원, 문지성 엄마 안명미

글 / 희정

말을 꺼내기 어렵다. 오늘따라 들고 간 가방은 노란 리본 하나 없이 밋밋하다. 뭐라도 면피를 하고 싶었지만, 솔직히 나는 자주 잊고 살았다.

> "많은 분이 그래요. 조심스러워들 하시는데, 우리는 많은 사람을 만났고 그러면서 오랜 시간을 보내서. 조심스러워하지 않으셔도 돼요. 저는 그냥 제가 가지고 있던 생각을 최선을 다해서 말씀드리려고요."

쭈뼛거리는 나를 대신해 안명미 님이 이야기를 연다. 2014년 4월 16일, 딸 지성이 떠난 후로, 그는 이런 배려를 자주 해왔을 테다. 많은 사람을 만나고, 오랜 시간을 보낸 지 10년. 오늘은 416합창단 단원으로 인터뷰 자리에 왔다.

내가 무슨 노래를 해

그러니 이야기는, 합창단으로 시작한다.

> "초반에 저는 회의에 좀 나가거나 리본이나 만들러 가는 정도였는데, 남편은 대책위 활동을 열심히 했거든요. 남편이 그러더라고요. 합창단이 있는데 가볼래? 제가 오래전부터 교회에서 성가대를 했어요. 그런데 그때 저는 노래할 마음이 없을 때라, '내가 무슨 노래를 해.' 별로 반가운 소식이 아니었어요."

우울이 깊던 시기였다. 그 자신의 표현대로라면 "뭐가 뭔지
도 모르겠고 떠다니면서 걷는 느낌"이던 시기. 그런 때 노
래라니. 하지만 그는 곧 생각을 바꿔 합창단에 들어갔다.

> "내가 할 수 있는 일이더라고요. 내가 할 수 있는 일
> 로 도와보자, 이런 마음을 먹었던 거죠. 처음엔 세
> 쌍으로 시작했어요."

처음 모인 사람들의 마음은 다 비슷했다. 할 수 있는 걸
해보자.

> "우리가 문화제를 열면 무대에서 노래를 부르는 분
> (문화활동가)들이 있잖아요. 그중 한 분이 노래가 오
> 래간다는 이야기를 했어요. 노래는 지속적으로 할
> 수 있는 활동이다. 그래서 합창단을 만들고 사람들
> 을 모집한 거죠."

여섯 명이라는 작은 수로 공연을 시작했다.

> "첫 공연은 2014년 11월, 그때가 황지현 학생이 합동
> 분향소로 오는 날이었어요."

날이 추웠다고 기억을 더듬는다. 200일을 맞아 안산에서
가족 추모식이 열렸고, 197일 만에 시신이 수습된 황지현

학생의 영정이 합동분향소에 왔다. 그 자리에서 노래했다. 첫 공연은 무섭고, 떨리고, 슬펐던 기억.

합창단 안에서도 유가족이잖아요

합창단 초반에는 인원도 적고 연습량도 적어 사람들에게 우리 노래가 들리기나 할까, 걱정부터 앞섰다. 세월호라는 이름이 그의 어깨를 무겁게 했다.

단지 노래로 우리 이야기를 알리자는 마음만 있던 것은 아니다. 돌아보니 자신들과 함께해 준 사람들이 많았다.

"경황이 없는 중에도 놀랐던 게, 진도체육관이랑 팽목항에 와준 시민이 500여 명이 된다는 거예요. 그 많은 사람들이 우리를 위해서 와주다니."

2014년 연말, 세월호 가족들은 함께해 준 사람들에게 감사를 표현하는 자리를 만들었다. 이 행사 자리에 공연도 있으면 좋겠다는 이야기가 나왔다. '내가 무슨 노래를 해' 이런 심정이었을 유가족들이 무대에 섰다. "너무 고마워서." 마음을 표현할 길이 달리 없었다. 그날 불러진 노래가, 〈잊지 않을게〉(작사, 작곡 기인영).

그 후로 6명으로 시작한 합창단은 시민들까지 함께해 50여 명 규모가 됐다. "이래서 이름을 잘 지어야 하나 봐요." 노래패나 노래모임이 아닌 합창단이라는 이름을 붙여, 이렇게 많은 사람들과 함께 할 수 있었다는 농 섞인 이야기. 고마움을 그렇게 표현한다. 매주 월요일 저녁이면 강당에 모여 연습을 하는데, 서울에서도 오고 부천에서도 온다. 10년째 계속되는 일이다. 안명미 님도 거의 빠지는 날 없이 참석했다.

"애를 썼어요. 연습할 때도 끝나고 나면 목이 쉴 정도로."

그렇게 애를 썼는데, 2022년 불현듯 합창단 활동을 쉬기로 한다.

"딱 1년만 쉬겠다고 했어요. 사실 그전부터 너무 지쳐 있었는데, 코로나 때문에 말을 못 했던 거죠. 임원직을 내려놓겠다는 말을. 1년을 쉬고 왔는데, 시간이 얼마나 빠르게 가던지."

지난 10년간 합창단의 공연 횟수만 300회가 넘는다. 지칠 만하지만 그를 지치게 한 것은 잦은 일정이 아니었다.

"그전에는 의무감이 컸어요. 나는 유가족이니까. 합창단 안에서도 유가족이잖아요. 그러니까 본보기가 되어야 한다는 생각이 있었던 것 같아요. 빠지면 안 되고, 농땡이를 부려서는 안 되고. 누가 알아주건

연습 때도 목이 쉴 정도로 노래를 했다는 안명미 님. 지금은 이토록 애쓰는 일을
내려놓았다고 하지만, 애를 썼기에 노래로 알리고 싶은 메시지를 전할 수 있었다.
©안명미

아니건 그런 마음이 강했어요."

늘 어깨가 빳빳하게 굳어 있었다. 세월호 유가족이라는
이름이 그의 어깨를 짓눌렀다. "내가 나를 옥죈 거죠. 그
게 나를 지치게 했던 것 같아요." 쉬고 싶다는 말을 입
밖에 내면서 책무감을 내려놓는 연습을 했다. 그리고 돌
아와 다시 노래를 하니, 드디어 합창이 뭔지 알겠더란다.

> "합창이라는 게 여러 사람이 함께 어울려 서로 튀지
> 않게 둥글게 화음을 내는 거더라고요. 옆 사람과 조
> 화를 맞추면 그걸로 충분한 거. 합창단을 오랜 세월
> 했는데 이제야 알겠더라고요. 목소리를 막 크게 내
> 려고도 하지 말고, 너무 열심히도 말자. 내 자리를
> 지키는 걸로 충분하다. 지금은 묻어가듯 스며드는
> 느낌으로 노래를 해요."

우리도 관중도 스며드는 거예요

노래를 좋아했으나 가수를 꿈꾸지 않았다. 안명미 님은
혼자 튀는 것보다 함께 부르기를 택하는 사람이었다. 주
부로 살며 성가대 활동 말고는 '집 밖'을 잘 몰랐다고 했
다. 외부로 자신을 드러내는 일이 드물었다.

> "우리 지성이한테 맨날 그랬어요. '튀지 마.' 아이가
> 좀 튀었거든요. '튀면 사람들이 너 쳐다봐.' 옛날에는

우리가 생활하던 대로 아이들도 그렇게 커야 한다고
생각했는데, 지성이를 키우면서 많이 배웠어요. 저
아이는 남이 못 보는 걸 보는 아이구나. 남이 못 가
진 거를 가진 아이인데, 다른 사람하고 똑같이 콩나
물 키우듯이 키우려 했구나."

그런 딸이 떠나자 자신이 소리를 내야 했다. 사람들 사
이에 섞여 합창을 해도 예전처럼 부를 수 없었다. 한때는
이 노래가 제대로 전해질지를 염려하며 목청을 키우는 사
람이었고, 지금은 자리를 지키는 것만으로 충분하다고
자신을 다독이는 사람이 되었다. 그때나 지금이나 10년
세월 동안 깨우친 것은, 노래는 말이라는 사실.

"예전에는 고운 목소리로 음정을 정확하게 부르면 노
래를 잘하는 거라고 생각했는데, 이제는 다르죠. 노
래라는 게 음을 달아서 말을 하는 거더라고요. 사람
들에게 이야기하고 있다는 느낌으로. 우리의 메시지
를 던진다는, 그러한 마음을 다해 불러요."

합창을 대하는 태도가 변했다는 말에서, 그의 인생이 전
해야만 하는 메시지로 채워지는 과정을 본다. 나 또한
416합창단을 청중의 자리에서 만날 때가 있다. 이들이
무대 위에 서면, 나는 눈을 어디에 둘지 몰라 했다. 저이
들 속에 있을 유가족의 얼굴을 바라보기가 어려웠다. 돌

이켜보니 나는 이들의 청자가 아니었다.

"메시지를 던지면 신기한 게 관중들이 그걸 받아요.
우리가 지금 부르는 이 노래가 저 사람들의 마음과
만나는구나, 느껴질 때가 있어요. 최근에 수원에서
공연을 했는데, 그날 진짜 추웠거든요. 그런데도 막
느껴지는 거예요. 관중이 우리의 마음을 맞이하더라
고요. 서로 고양돼서 앙코르까지 나오고. 우리 마음
을 알아주니 고맙죠."

그날 공연을 하고 감기에 걸렸다. 한겨울 한기를 받아들
이며 소리를 낸다. 전해야 할 말이 있으니까. 내가 고개
를 비스듬히 돌릴 때, 이들과 눈 마주치는 사람들이 있었
다. 그들은 귀를 기울이고 응답한다. 합창은 조화를 이
루고 스며들어 가는 일이라 했는데, 그건 노래를 부르는
이들에게만 해당하는 말이 아니었나 보다. 듣는 이들 또
한 스며들어 갔다. 합창단 동료들도 그런 사람들이었다.

"같이 지내면요, 우리의 마음을 알아가더라고요. 지
금 세월호 진상규명도 안 되고 생명안전공원도 착공
되지 않은 상태라, 그런 것을 안타까워하는 마음들
이 그냥 스며든다고나 할까요. 우리가 이걸 알아줬
으면 좋겠다 이렇게 할 필요도 없이 자연스럽게 마음
들이 닮아가더라고요."

세월호를 기억하는 시민들이 있다. 117차 수원매탄촛불에 함께한 416합창단. 이날도
많은 응원과 위로를 받았다. ©416합창단

세월호 합창단원들의 이야기를 모아낸 책(《노래를 불러서 네
가 온다면》, 416합창단 지음, 김훈·김애란 글, 문학동네, 2020)의 제목
처럼 '노래를 불러서 네가 온다면…' 그 바람을 듣는 이
도, 노래하는 이도 함께한다.

> "서쪽 하늘에 있나. 어느 별이 되었을까. 내 어깨에
> 내려앉은 이 별빛 네 손길인가. … 그날부터 비로소
> 그날부터 잊을 수 없는 그 웃음, 어두운 바다 깊은
> 하늘에 지울 수 없는 눈망울." (〈어느 별이 되었을까〉, 작
> 사 이건범, 작곡 이현관)

믿는 구석이 있다면

안타까운 마음을 불러일으키는 10년. 안타까움은 이 물
음이 앞서기 때문이 아닐까. 2014년 4월 16일 그날로부
터 무엇이 바뀌었는가. 이 질문을 안명미 님에게 돌린다.
의외로 망설임 없이 답한다. "10년이 지나고 뭔가 배짱이
생겼달까요." 진상규명 문제도, 합창단 공연도 그랬다.

> "처음에는 떨리고 그랬는데, 배짱이 생겼어요. 못해도
> 돼. 그런 마음이 생겨요. 가사가 잘 안 외워지면 더
> 열심히 듣고 외우면 되지. 조금 내려놨달까. 내가 아
> 니어도 누군가 잘할 테니까. 합창이잖아요. 여러 사
> 람이 하니까."

416합창단은 2022년 4·16생명안전공원 문화제에서도 노래를 했다. 이들은 아픔의 현장을 찾아 기억과 연대의 힘을 힘껏 나눠왔다. ⓒ한겨레 박승화

믿는 구석이 생긴 걸까.

"진실도 어느 날엔가 밝혀지겠지. 그렇게 마음을 조
금씩 먹어가요."

참사가 터진 직후에는 단식을 하고 행진을 해도 어디로
가는 줄 몰랐다. 게다가 충격을 받아 몸을 더 바삐 움직
이는 건 배우자 쪽이었다. 그의 남편 문종택 님은 세월호
의 진실을 기록하겠다는 일념으로 지금까지도 세월호 유
가족 방송인 '416TV'를 운영하고 있다.

"남편이 밖에 있으니까, 볼 수가 없는 거예요. 처음에
는 옆에서 활동을 돕기도 했는데, 안 되겠다 싶은 거
예요. 그래서 제가 집을 지켰어요. 우리 집이 애가 다
섯이라, 저녁이면 왁자지껄한 집이었는데 둘째 결혼
하고, 다른 아이는 기숙사 가고, 지성이는 없고. 빈집
이 되더라고요. 우울감에 빠져서 너무 힘들었어요."

집을 지켜야 한다는 생각에 머물렀는데, 빈집이었다. 안
명미 님은 그때 자신이 지켜야 할 것이 무언지 생각했다.

"내가 할 수 있는 일을 찾아 나서기 시작했어요."

우선 운전을 배웠다. 자신을 오며 가며 태워주던 남편에

314

게 의존할 수는 없었다. 세월호 가족에게 제공되는 프로그램을 찾아 듣고 배웠다. 꽃꽂이를 배웠고, 그림을 그렸고, 심리상담을 받으러 갔다.

"누가 나를 대신해 내 마음을 알아줄 순 없다, 싶더라고요. 내 마음은 스스로 찾아야겠다. 상담도 직접 찾아갔어요. 계속 갔어요. 그렇게 나를 찾아가기 시작했죠."

그렇게 수년이 흘러 그는 함께 그림을 배운 세월호 가족들과 전시를 열었다. 딸의 소지품을 화폭에 담았다. 그가 만든 꽃바구니는 매월 안산 생명안전공원 부지에서 열리는 세월호 희생자 추모 예배 단상에 오른다.

"남편은 처음에는 자기가 너무 바빠 저를 쳐다볼 수 없었지만, 요새는 좀 보이나 봐요. 자꾸 '(사무실로) 놀러 와' 그러면 저는 '나 바빠'."

그렇게 달라졌다. "내가 해온 일들로 내가 구성되어 온 거예요." 그러니까 그의 믿는 구석은 자기 자신이었다.

"저는 우리 지성이 보내고 난 뒤에 잘 살아야겠다고 생각했어요. 더 많이 나를 만들어가려고 노력했고, 내가 어딘가에 쓰임 받기를 원했어요. 그러기 위해선 나

315

자신을 찾아야 해. 나를 깨워야 해. 움츠려 있던 나를 깨야 해. 그런 시간을 지금껏 보내온 것 같아요."

지성 님은 반짝거리던 딸이라 했는데, 그 자신이 딸을 닮아가고 있었다.

단원고 2학년 1반 문지성

인터뷰에 들어가기 전 다짐한 것이 하나 있었다. 딸에 관해 묻지 않겠다는 것. 지성이는 어떤 아이였나요, 같은 질문은 하지 말아야지. 뚜렷한 이유가 있는 건 아니었다. 그러면 안 될 것 같았을 뿐이다.

지성 님이 416 단원고 약전에 담기지 못했다는 이야기를 들었다. 단원고 약전이란, 세월호참사로 희생된 학생들의 짧은 생을 복원한 책이다. 100여 명의 작가가 모여 200여 명의 학생과 교사들의 이야기를 썼다. 그는 딸의 반짝이던 생애가 책에 담기지 못한 것을 안타까워했다. 그땐 너무 많은 판단을 해야 했고, 그때 놓친 선택 중 하나가 약전이었다.

"그 뒤로 뭐든 빠지지 않고 다 해야겠다고 생각했어요."

나와의 인터뷰를 그가 외면하지 않은 이유이기도 했다. 딸 문지성 님이 어떤 사람이었는지를 물었다. 글 마지막

4·16생명안전공원에서 매월 첫째 주 일요일에 세월호 희생자들을 기리는 예배가 열린다.
이때 단상에 안명미 님이 만든 꽃바구니가 올라간다. ©안명미

에 지성 님을 소개하겠다고 약속하며.

"너무 예쁜 아이였어요. 그림이 실물을 표현해 내지
못하더라고요. 정말 반짝반짝 빛나는 보석 같은 느
낌의 아이였어요. 앞만 아니라 옆도 볼 수 있는, 다
른 사람이 못 보는 면을 볼 수 있는 아이구나. 그 애
로 인해서 많이 웃었어요. 옷도 남들이 안 입는 거.
양말도 신발도 초록색으로 신고 간다든지. 남들은
소화 못해도 나는 할 수 있어. 자신감이 넘쳤어요.
친구들이 남기고 간 편지를 보니까, 친구들이 너의
자신감은 어디서 나오는 거니? 할 정도로. 친구들
카운슬러도 많이 해줬더라고요. 예뻐서 연기자 해보
라는 사람도 많았어요. 길거리 캐스팅도 되고. 그런
데 자기는 그런 거 안 할 거라고. 승무원이 되고 싶
다고, 패션 디자이너랑 아나운서도 하고 싶다고. 자
신감이 넘쳤는데. 못해준 게 미안하죠. 우리가 식구
가 많고 살림이 넉넉지 못해서 많이 밀어주질 못했어
요. 우리 집 보물 같은 아이였는데. 반짝거려서 너무
자랑하고 싶었는데, 아이가 교만해지고 저밖에 모를
까 봐 칭찬도 잘 안 했거든요. 그게 무슨 미덕이라
고…. 애가 가고 나니까 엄마가 우리 딸 자랑을 하
고 있네요."

전시를 연 날, 안명미 님은 딸 김지성 님의 소지품을 그린 작품 앞에 섰다. ©안명미

너에게
다른
이야기를
들려줄게

4·16가족극단 '노란리본' 대표, 곽수인 엄마 김명임

글 / 안미선

말을 걸려고 시작했다. 4·16가족극단 노란리본은 그렇게 시작했다. 집에 틀어박혀 있던 다른 유가족에게 안부를 묻고, 잊히는 것 같은 세월호참사의 이야기를 세상에 다시 건네고 싶었다. 안산에서 활동하던 연극인 김태현은 "세월호 엄마들이 연극을 하고 싶어한다"는 지인의 말에 한달음에 달려가 그 엄마들의 곁에서 열성을 다했다. 떠나지 않고 함께하는 이들이 생기자 새로운 길이 열렸다. 처음에 엄마들은 글자가 눈에 들어오지 않는데도 까만 활자가 쓰인 대본을 받아 소리 내어 읽어보았다. 이곳에서는 좀 더 크게 웃어도 되고 좀 더 크게 화내도 되고 좀 더 크게 울어도 되었다. 마음껏 말할 수 있다는 건 다른 사람이 된다는 거였다. 그게 어떤 일인지는 시작할 때는 아무도 몰랐다. 그건 완전히 새로운 자신으로 탈바꿈하는 일이었다.

2015년 10월에 연극놀이와 희곡 읽기 교실로 출발해 2016년 3월에 극단이 만들어졌다. 그해 여름, 〈그와 그녀의 옷장〉을 첫 공연작으로 무대에 올렸고, 그다음 해에 〈이웃에 살고 이웃에 죽고〉를 두 번째로 공연했다. 첫 번째 창작극은 〈장기자랑〉이었다. 그 뒤로 〈별망엄마〉, 〈기억여행〉, 〈연속, 극〉 등 작품 공연은 해를 거듭하면서 이어졌고 노란리본 단원들의 새로운 여행은 세상을 향해 거침없이 나아갔다.

극단이 처음 생길 때부터 함께해 온 김명임 님을 안산에서 만났다. 2학년 7반 곽수인의 엄마이자 배우인 그는 보랏빛 스카프를 하고 있었다. 연극 속에서 그는 아이에게 농구를 가르쳐주는 씩씩한 엄마이자, 혼자 글쓰기를 좋아하는 외톨박이 소녀이자, 이웃에게 인심 좋게 음식을 서비스로 내주는 식당 주인이자, 자신에게 상처를 준 이를 용서하고 같이 가자고 손을 내미는 길 위의 유족이다. 연극과 영화로 만들어져 화제가 된 〈장기자랑〉이 먼저 이야기되었다.

아이의 눈으로 바라본 세상

"〈장기자랑〉은 우리 아이들 약전(416 단원고 약전 《짧은, 그리고 영원한》)을 보고 작가가 대본에 녹여놓은 거예요. 저희는 다른 배우가 대사를 말할 때 '아, 저건 누구 얘기야, 우리 아이들 얘기가 나오고 있네' 하고 바로 알아요. 그래서 배우인 엄마들이 이야기에 더 집중하기 쉬웠고 극을 공연하면서 재미있게 할 수 있었어요."

〈장기자랑〉에서 김명임 님은 소심하고 조용하고 상상 속의 친구를 둔 아영의 역할을 맡았다. 연극이 시작되면 처음부터 끝까지 이야기 흐름을 맡아 무대를 지키는 인물이지만 관객에게 강하게 기억에 남는 인물은 아닌 듯하다고 말하며 웃었다. 아영이는 "물처럼 조용한 아이"인데 나중에 친구들과 어울리며 밝아지는 인물이라고도 했다. 연극 속에서 그는 어느 순간 자기 아들의 모습이 되어 그

노란리본 극단의 연습실 앞에 선 김명임 님 ©안미선

눈으로 친구들을 바라보며 웃고 있었다.

"어느 순간부터 내가 수인이하고 동화되었어요. 극
중 아영이가 친구들이 하는 말 하나하나를 재밌어
하고 웃고 그 자리에 끼어 있다고 즐거워하는 인물
이거든요. 우리 아이도 친구들과 어울릴 때 되게 웃
음이 많은 아이였고 얘기를 들으면서 즐거워했어요.
그 순간, 내가 앉아 있는 게 아니라 수인이가 친구들
말을 들으면서 즐거워하는 거 같았어요."

〈장기자랑〉을 연극으로 만드는 과정은 동명의 다큐멘터
리 영화(감독 이소현)로 만들어져 2023년에 개봉됐다. 연극
으로 대학로 공연장에 처음 섰던 배우들이 이제 영화관에
서 관객과의 대화를 나누게 되었다. 일곱 명의 배우는 새
로운 경험을 했다. 자기 삶을 책임지고 꾸려가는 생활인
으로서, 때로 경쟁을 하고 '더 잘 살고 싶은' 욕망도 가
진 인간으로서 자신들이 스크린에 비쳤을 때 관객들이 호
응했다. 자식의 교복을 입고 연극을 한다는 것이 어떤 의
미인지도 낯선 이들에게 전달되었다. 진상규명을 위해 그
들이 뚜벅뚜벅 걸어간 길이 우리 사회에서 뚜렷한 지도를
남기고 있었다. 세월호참사 희생자와 생존자 가족으로서
연극을 통해 계속 활동을 이어가는 그 치열한 노력도 새
로운 이정표가 될 것이었다. 김명임 님은 관객을 통해 힘
을 얻었다.

"전국으로 연극 공연을 다니면서 알게 됐어요. 이분들은 우리를 봐주기 위해 일부러 오시는 분들이구나. 아직 많은 사람들이 우리를 지지해 주는구나. 우리는 무대에 서서 이런 방법으로라도 아직 포기하지 않고 활동한다는 걸 보여드리는 거예요. 또 '함께 해주세요!' 그 말씀을 드리려고 가는 거지요. 우리를 응원하는 든든한 지지자들 앞에서 공연하는 거라 항상 고마운 마음을 가져요. 사람들이 얼마나 집중해서 봐주는지 느껴져요. 반응이 있거든요."

너를 대신해 내가 왔어

처음 공연 때에는 캄캄한 객석이 보이지 않아 되레 연습 때처럼 편하게 연기했다. 실수까지 했는데, 공연이 끝나고 객석에 조명이 들어온 순간 어안이 벙벙했다. 하지만 공연을 거듭할수록 무대 앞에 앉아 있는 사람들의 표정이 느껴졌다. 김명임 님은 연극 공연이 세월호의 진상규명을 하는 데 동행하는 징검다리라고 여긴다.

"가장 기억에 남은 공연은 단원고등학교에서 한 공연이었어요. 두 번 정도 날짜가 틀어지고 어렵게 한 공연이었어요. 그때 아이가 다녔던 학교에서 공연을 하면서, 제일 많이 든 생각이 '아… 우리 애도 저 밑에 앉아서 이 연극을 봤으면 좋겠다'였어요. 연극이 끝나자 단원고 학생들이 찾아왔어요. 그 아이들이 다

른 학교 아이들하고 똑같이 '잊지 않겠습니다, 기억
하겠습니다' 하고 울면서 안아주더라고요. 그동안
다른 학교들이 세월호 추모식을 하거나 관련 활동
을 할 때 단원고는 너무 조용해서 속이 상했거든요.
그게 풀렸어요. 떠난 우리 아이들에게 말해줄 수 있
었어요. '너희 학교에서 너희를 잊어버린 게 아니야.'
'수인아, 단원고도 똑같은 마음이래.'"

지역의 대안학교에 공연을 갔을 때, 배우들이 무대에서
율동을 하자 관객석에 있던 학생들이 우르르 앞으로 나
와 함께 춤을 췄다. 무대 위에서 춤을 추던 이들은 희생
자와 생존자의 가족이면서 동시에 교복을 입은 극 중의
고등학생이기도 했다. 학생들이 스스럼없이 앞으로 나와
함께 춤을 추는 것을 보며 자신들을 또래 친구처럼 맞아
주며 같이 놀아준다는 느낌에 가슴이 먹먹했다. 제주도
4·3연극제에서 공연을 할 때는 수학여행 온 아이들을 대
신해서 무대에 섰다. 아이들이 끝내 가지 못한 제주도에
그 엄마들이 와서 서 있었다.

"그때 너는 못 왔지만 내가 왔다. 수인이 대신, 영만
이 대신, 순범이 대신, 윤민이 대신, 동수 대신, 예진
이 대신, 애진이 대신… 그 모든 아이들을 대신해 가
서 거기서 공연을 했어요. 감회가 남달랐어요. 우리
가 마음속으로 울고 하는 거지만 무대 위에서 울 수

김명임 님은 공연을 연습하고 관객들을 만나는 일이 새로운 자신으로 탈바꿈하는 경험이었다고 말했다. ©㈜영화사 진진

없으니 계속 웃고 떠들고 하지요. 그 무대 아래에서 우리 아픈 걸 다 알고 관객들이 죄다 울고 계시고. 우리를 혼자 쓸쓸하게 두지 않고 우리 아이들로 인해서 수많은 사람이 온 거예요. 그런 분들이 계시기 때문에 끊임없이 저희가 다니는 거예요. 아직 진상규명이 안 됐어요. 우리 대신 저분들이 울어주고 계시니까, 우리는 넘어지지 않고 포기하지 않고 꿋꿋하게 계속 가야겠구나 싶어요. 저희 열심히 하고 있으니까, 같이 나와서 함께 해달라고 끊임없이 얘기하고 다니고요. 우리가 관객분들한테 힘을 얻는 것처럼 그분들도 우리를 보고 다시 힘을 얻었으면 좋겠어요."

연극 속에서 그들은 그때 아이들의 꿈을 대신해 춤추고 노래한다. 그뿐 아니라 그동안 겪었던 사회의 부당한 비난과 다시 맞서 싸운다. 비정규직 노동자같이 어려운 처지의 이들과 연대하는 마음을 담기도 한다. 오랜 세월, 국가로부터 내팽개쳐진 채 길에서 싸우던 일을 에피소드로 보여주기도 한다. 과거로 훌쩍 돌아가, 수학여행 잘 다녀오라고 준비물을 챙겨주며 손을 흔드는 평범한 엄마가 되었다가, 떠난 아이와 한 약속을 지키기 위해 두려움 없이 싸우는 투지에 찬 엄마가 되기도 한다. 무대 뒤에서 때로 그들도 운다.

"무대에서 자신의 감정을 표현할 수 없지만 무대 뒤
에서 다른 배우들이 하는 대사를 들으면 우리는 알
잖아요. 지금 어떤 상황을 이야기하는 거고, 저 말을
어떤 마음으로 하고 있는지. 그 말들이 너무 절절하
게 들리는 거예요. 관객들이 봤을 때는 되게 덤덤할
수 있는 내용조차 우리는 가슴 찢어지게 그 내용을
듣는 거지요. 우리가 경험을 했던 거니까. 그러면 울
컥해서 울게 되는 경우도 있어요. 그럼 괜찮다고 하
면서 다가가 서로 위로하기도 하죠."

아이들이 어딘가에서 듣고 있을 거예요

노란리본의 공연은 특별하다. 그건 10년 동안 그들이 세
상에서 보고 듣고 느끼고 배운 것, 좌절하고 결심하고 싸
워온 것, 여전히 슬프고 그리운 것, 포기할 수 없는 것이
그 작품 안에 모두 들어 있기 때문이다.

"저는 무대에 서서 '저기 공연장 어딘가에 우리 수인
이가 있어' 하고 생각해요. 그래서 저는 무대에 나갈
때 절대 떨지 않거든요. 용기가 나더라고요. 그냥 나
가요. 우리 아이한테 이야기하러 나가는데 왜 떨리
겠어요? 연기를 잘해서가 아니라 내 든든한 백이 있
으니까. 항상 아이가 그곳에 있다고 내 마음이 믿으
니까. 아이가 엄마 이야기를 참 좋아했으니까. 공연
을 하러 가면 항상 어딘가에서 나를 지켜보고 그 안

에서 '엄마, 파이팅!' 하고 그 공연장 안에 같이 있어 줄 것 같아요. 그래서 공연 갈 때마다 '엄마가 오늘은 어떤 이야기 들려주는지 잘 들어봐' 하죠. 내가 연극을 하면 아이들한테 내 역할의 목소리로 이야기를 들려주는 거잖아요. 아이들이 어딘가에서 듣고 있을 거예요."

똑같은 제목의 공연을 50회씩, 70회씩 한다고 해도 하는 공연은 날마다 다 달랐다. 때로 몸이 안 좋을 때, 우울할 때, 좀 더 마음이 절실할 때가 있었다. 나날의 마음이 다르기 때문에 공연장에서의 연기도 다 다를 거였다. 그 모습을 다 보고 공연장 안에 있던 아이가 어떻게 생각할지 그는 궁금하다. '오늘은 잘 봤어? 엄마가 하는 이야기 잘 들었어?' 늘 속으로 되묻는다. 공연은 자신의 마음을 실어 매번 띄워 보내는 편지가 된다. "처음에 이런 마음이 없었으면 공연하기가 되게 힘들었을 거 같아요." 그가 고백했다. 그러니까 그에게 동료 배우들 또한 둘도 없이 몹시 소중했다.

"이 사람들 덕분에 아이한테 다시 이야기를 들려줄 수 있으니 얼마나 귀한 존재예요? 이 사람들이 없었으면 그 기회조차 없었을 텐데. 그래서 너무 고맙죠. 연극을 시작할 때 가족 챙기는 거 빼고 연극이 무조건 0순위였어요. 내 모든 조건을 다 맞춰줄 수 있을 만큼 대단하고 귀한 사람들이었어요."

김명임 님은 극단의 대표로서 세심하게 동료를 챙기고 오랫동안 묵묵히 자리를 지켰다. 그는 결혼 생활 10년 동안 아이가 없어서 주눅 들고 산 데다 소심해서 남 앞에 나서서 말을 못했다고 했다. 하지만 자신의 무대에서는 떨지 않았다. "엄마들은 다 해요!" 농담처럼 던지는 말 속에 속내가 담겼다. '세월호를 알리는 또 다른 투쟁의 방법으로 연극을 선택했다'고 했지만, 낯모르는 이들 앞에서 공연을 하기로 했을 때 그의 첫 마음에는 아이와 다시 만난다는 기대가 있었다. 그지없이 친밀한 눈으로 대본을 읽고 따뜻하게 동료를 살펴볼 수 있는 것도 그 마음에서 비롯했다.

너에게 답해줄 말을 아직 모으지 못해서

김명임 님은 수인이에게 손 편지를 쓴 적이 있었다. '너에게 해줄 말이 아직 많지 않아서, '왜?'라고 물어 올 너의 궁금증에 답해줄 말들을 아직 많이 모으질 못해서, 조금 더 세상에 머물게'(《그리운 너에게》, 4·16가족협의회, 4·16기억저장소 지음, 후마니타스, 2018)라는 글이었다.

"뭐든지 항상 이유가 궁금했던 아이라, '엄마, 왜?'하고 자신이 떠나야 했던 이유를 물을 것 같은 거예요. 올라가면 그 물음에 어떻게 답을 해줘야 될까요? 지

금은 알려진 게 별로 없어요. 선체조사위원회, 세월
호 특별조사위원회, 사회적참사 특별조사위원회 다
했는데 특별하게 말해줄 수 있는 그런 결론이 명쾌
하게 없잖아요. '그런 거라도 좀 하나 얻기 위해서
엄마가 이것도 하고 저것도 했는데, 어떤 부분은 잘
안됐어.' 뭐든지 얘기를 해줄 수 있는 걸 가지고 가
야 해요. '엄마 참 열심히 살았어…. 그러니까 네가
원하는 듣고 싶은 결과가 좀 부족하더라도 좀 봐줘.
근데 엄마가 뭔가를 일부러 안 하거나 어떤 활동을
할 때 게으름 때문에 안 한 거는 정말 없었어. 부모
로서 부끄럽지는 않았어.' 그 말을 하고 싶은 거죠.
그것 하나를 붙잡고 꿋꿋하게 가는 거예요."

아이를 빼앗아 간 이 혹독한 세상에서, 차가운 무대 위에
서 그는 질문한다. 어떻게 해야 이 아픔을 멈출 수 있는
지. 어떻게 해야 우리가 함께 삶을 지켜낼 수 있는지. 어
떻게 해야 꿈이 무대 밖에서도 현실이 될 수 있는지. 마침
내 그 모든 아이들이 돌아올 수 있는지.

　세상에 어떻게 새로운 이야기를 할 수 있을까? 돈
이나 경쟁, 효율이 현실의 모든 것이란 생각이 판을 치는
세상에서, 생명과 안전과 삶이 중요하다는 사실을 어떻게
크게 들리게 할 수 있을까. '너희가 어떻게 세상을 바꾸
냐'며 남을 비하하고 자신조차 비하하는 쪼그라든 이들
의 마음속에 자신을 존중하고 타인을 바라볼 수 있는 시

332

선을 어떻게 심어낼 수 있을까. 결국 우리가 사는 세상은 우리가 만들어나갈 수 있다고 함께 믿어낼 수 있을까.

"아직 진상규명이 다 된 게 아니에요. 항상 피해자들이 움직여야 하고 운동을 하지만 진상규명이 안 된 게 대부분이거든요. 된 게 하나도 없어요. 어느 일이든 하나 실타래가 풀려서 올이 제대로 풀려나가면 선례가 생기는 거니까 그때 나머지 것들도 하나둘씩 풀리겠구나 하는 생각이 들어요.

저는 고등학생 때 광주 전남대 정문 앞에서 살았어요. 5·18 민주화운동 때 내 가족을 잃진 않았지만 이웃집에서 두 명이 희생됐어요. 그때 저는 고등학생이었고 뭘 어떻게 해야 할지 모르고 지나갔어요. 세월호참사를 겪으면서 '아, 내가 잘못 살았나?' 하는 의구심이 제일 많이 들었어요. 5·18 때는 학생이었다 해도 그 후 내가 할 수 있는 일을 해야 하지 않았을까? 그랬으면 세월호참사가 일어나지 않고 더 많은 아이들이 구조될 수 있지 않았을까? 5·18 때 눈앞에 누워 있는, 쌓여 있는 시신들의 색깔이 붉었거든요. 세월호참사 때 우리 아이들은 다 희었어요. 바다에서 왔기 때문에. 그 아이들의 색이 제 가슴속에 너무 극명하게 대비가 돼요.

이태원참사가 났는데 우리가 다시 2014년 4월 16일, 그 막막했던 때로 돌아간 것처럼 느껴졌어요.

그때부터는 심장이 두근거리고 손도 떨리고 어떻게 해야 될지를 모르겠더라고요. 이태원참사 때 희생된 이들 보니까 우리 아이들하고 비슷한 연령대의 젊은 이들이 너무 많이 사고를 당한 거예요. 우리도 어떻게 살아야 할지 몰랐는데 시간이 흐르니까 그냥 탁 던져놓은 것처럼 여기에 있는 건데, 저 유족들은 앞으로 어떻게 살아갈까요? 그 사람들 걱정도 되고. 아, 우리가 좀 더, 조금만 더 열심히, 조금만 더 강하게 했더라면, 또 다른 참사를 막을 수 있지 않았을까, 싶은 마음에 너무너무 미안했어요. 무력감이 들더라고요. 내가 그동안 깨달았기 때문에 세월호참사 이후로 쉬지 않고 달려왔는데 그게 부족했나? 내가 생각한 것보다 게으르게 행동했나? 반성했어요. 우리가 뭘 더 해야 하지 않았나? 자책감이 많이 들었어요. 누구든지 간에 부디 생각해 줬으면 좋겠어요. 진상규명과 책임자 처벌이라는 마무리가 되지 않으면 참사는 그냥 내 옆에 바로 떨어진 일이에요.

　　사람이 오래 살면 여러 사건을 겪을 수는 있어요. 하지만 참사가 되풀이된다는 것은 우리 사회가 그만큼 전혀 변화되지 않았다는 거예요. 정말 비슷하게, 똑같은 희생이 되풀이되는 거거든요. 그런 참사가 자신의 일이 되기 전에 시민 의식과 연대 의식을 바짝 날 세우고 챙겨야 해요. 사회적 재난은 대비하고 막을 수 있어요. 관심을 가지고 나와 가족, 이

2023년 10월 광화문 광장 집중피케팅을 하는 김명임 님 ©안미선

웃을 지킨다는 마음으로, 깨어 있는 정신으로 저희
와 함께해 주셨으면 좋겠어요. 안전문제는 생명과
연관되는 거니까 아무리 강조해도 지나치지 않아요.
참사가 중요한 문제라고 여기고 진상규명 활동에
관심을 가지고 함께해 주시면 좋겠습니다."

함께 연결되면 끝까지 간다

처음 만났을 때 그는 광화문 광장에서 생명안전기본법을
제정하라는 팻말을 잡고 서 있었다. 극단 노란리본의 배
우이자 4·16세월호참사 가족협의회의 일원이자 활동가
로서 그는 세상에 더 가능한 이야기를 만들고 들려주기
위해 변함없이 그 자리에 서 있었다. 팽목항에서 남은 가
족에 대한 책임을 지켜내기 위해 제대로 울어본 적 없다
는 그였다. 단단한 표정을 하고 서 있는 그는 무대에서
는 달랐다. 사람들과 어울려 끊임없이 말을 걸고 웃고 춤
을 추었다. 한 번도 제대로 울어본 적 없는 그가 짓는 웃
음을 바라본다. 그 웃음은 당신도 이 길에 함께해 달라
고 건네는 부탁이자, 우리가 나아간 만큼의 이야기를 품
고 가겠다는 다짐이다.

"정답은 없어요. 저희의 목표는 거기까지 가는 길이
정해져 있지 않아요. 저희가 어떤 길이든지 간에 개
척해 나가고 하나하나 길을 만들고 가야 하는 상황
이에요. 이제까지 그랬지만 앞으로도 그래야 할 것

같아요. 지금까지 평지를 지나 거친 길을 걸어왔다면 이제 진짜 힘든 오르막길인데, 앞에 어떤 것이 있는지 모르는 채 끊임없이 끝나지 않는 길을 걷는 기분이에요. 보이지 않는 길을 만들어가지만, 그래도 앞으로 나아가고 우리가 멈추면 안 된다는 걸 은연중에 모두 다 알고 같이 움직여 주니까요. 우리가 과연 그 목표까지 도달할지는 모르겠어요. 우리가 아니면 또 다른 사람들, 또 다른 유가족이 아니라 다른 어떤 형태의 사람들이 거기까지 갈 수도 있을 거라고 생각해요.

잊지 않고 기억하고 또 다른 참사가 일어나지 않기 위해서는 진상규명과 책임자 처벌이 깔끔하게 마무리되어야 해요. 그래야 우리가 살아갈 만한 세상이 만들어져요. 그것 때문에 이제까지 우리가 이렇게 달려왔어요. 만약 우리가 넘어지면 그 순간 누군가가 또 우리를 이어서, 선을 계속 그어가면서, 앞으로 나아가지 않을까요? 그 사람들이 지금 같이 가는 사람들일 수도 있고, 새로 나올 사람들일 수도 있어요. 같이 가는 사람들이라면 내가 넘어지는 순간까지 그 사람들이 더 힘을 낼 수 있게 움직이는 거고, 새로 나올 사람들이라면 그 사람들이 나올 때까지 우리가 연결해 주어 그들이 이 길을 이어주기를 바라는 거지요. 그런 마음으로 그냥 가요. 부모로서 해야 될 일이라서요."

337

나는 〈연속, 극〉의 한 장면을 떠올렸다. 그가 아기 인형을 앞에 안고 어르던 모습이었다. 그는 인형의 발을 한쪽씩 손으로 감싸며 따뜻해지도록 가만히 주무르고 있었다. 사람을 기르고 지키던 일을 그 몸이 기억하고 있었다. 그는 무대에서 무언가를 되살려 내고 있었다.

무대에 선 엄마가 아이에게 들려주고 싶은 이야기는 무엇일까. 이때까지 아직 마음 놓고 풀어놓지 못한 울음을 감춘 채 무대를 뛰어다니며 하고 싶은 말은 무엇일까. 무대 위에서, 무대 앞에서, 무대 뒤에서 생겨나는 이야기. 혼자서 마침표를 찍을 수 없고, 함께 이야기해야 이어지는 이야기. 동화 속 결말이 아니라 이 땅에서 진짜 일어나야 할 결말의 이야기. 지상의 사람들이 좌충우돌하면서 땀과 눈물로 함께 만들어 짜내야 하는 이야기. 그 이야기를 노란리본 극단 사람들은 앞으로도 무대에서 해나갈 것이다. 끊어진 시선을 잇고 멈추지 않는 몸을 일으키며 조명 속에서 빛날 것이다. 그 이야기 속에서 아이가 온다.

너에게 다른 이야기를 들려줄게

4·16가족극단 주연의 다큐멘터리 〈장기자랑〉의 스틸컷. 엄마들은 관객석 어딘가에서
아이들이 듣고 있을 것이라 생각하며 늘 새로운 이야기를 준비한다. ©㈜영화사 진진

나무를
도닥이며,
함께
웃으면서

4·16희망목공협동조합 조합원, 유미지 아빠 유해종

글 / 정윤영

경기도 안산시 단원구 순환로 416길. 광덕산 아래 꽃빛공원 끝자락에 컨테이너 두 개가 나란히 붙어 있다. 4·16희망목공협동조합(4·16희망목공소) 작업장과 전시장이다. 판매를 위한 전시장에는 원목 책상과 침대부터 고래 키링과 주걱까지 다양한 제품들이 컨테이너를 가득 채우고 있다. 전시장은 사무실로도 쓰이는지 업무를 위한 책상과 일정이 빼곡하게 적힌 칠판이 있고 벽에는 목공 자격증이 액자에 담겨 붙어 있다.

작업장에서는 체험 수업이 한창이었다. 매주 목요일 오전 10시 4·16세월호참사 가족협의회 어머니들과 DIY 수업을 하는 시간으로 매년 4·16재단에서 신청을 받아 10주 동안 수업을 진행한다. 이날은 볶음용 주걱을 만드는 날, 올해 마지막 수업이기도 했다.

주걱은 미리 재단해 둔 나무의 표면을 샌딩한 뒤 오일을 발라 말리면 끝나는 비교적 간단한 작업이다. 수업을 시작하자, 어머니들이 앞치마를 두르고 마스크를 쓰고 작업장 앞에 섰다. 선생님이 '150방 하고 물샌딩, 다시 220방 하고 320방으로 하라'고만 얘기했는데 어떻게 하는지 이미 알고 있다는 듯 전동 샌딩기에 150방짜리 샌드페이퍼를 가져와 붙이고 작업을 시작한다. 작업이 익숙해 보였다. 작업하는 게 어렵지 않냐는 물음에 한 어머니가 '우리 이제 베테랑이야!' 하자 다른 어머니들도 깔깔 웃는다.

주걱을 샌딩기로 다듬기 시작한다. 아직 손을 타

지 않은 주걱 모양의 나무는 표면이 껄끄럽다. 150방짜
리 페이퍼로 주걱 손잡이부터 모서리까지 꼼꼼하게 갈아
준다. 그런 다음 주걱을 물에 묻혀 말린다. 물샌딩이라고
부르는 이 작업을 해야 완성된 후에 표면이 거칠어지지
않기 때문이다. 나무가 마르면 220방짜리 페이퍼로 바꿔
표면을 더 곱게 다듬는다. 그렇게 물샌딩은 세 번 반복한
다. 페이퍼를 바꿔가며 샌딩기를 천천히 돌리다 보면 어
느새 거칠었던 나뭇결이 부드러워진다. 손잡이 부분이나
모서리 부분은 더 주의를 기울인다. 신경 써서 곱게 갈수
록 주걱이 될 나무는 매끄러워진다. 나무는 손이 가면 갈
수록 좋다고 말하는 이유다.

　　오른손으로 샌딩기를 쥐고 부드럽게 돌리다 보면 눈
이 자연스럽게 손을 따라간다. 눈은 나무에 새겨진 무늬
를 향하고, 마음은 눈이 보는 곳을 따라간다. 나뭇결을
따라다니면 머릿속이 텅 비어 아무 생각이 들지 않는다.
모두 샌딩에 몰두한 시간, 샌딩기 돌아가는 소리와 난로
에서 화목이 타는 소리만 들린다. 시간 가는 줄 모르고
샌딩기를 돌리다 보면 너무 많이 갈아서 나무가 얇아지
기도 한다. 옆에서 주걱이 너무 얇은 것 아니냐고 일러주
는 말에 그제야 샌딩을 멈춘다.

　　3차 샌딩까지 모두 끝내면 주걱에 오일을 바른 뒤
말린다. 주걱이 마르는 동안 어머니들은 다른 작업을 시
작한다. 아직 완성이 덜 된 작품이나 보완이 필요한 작품
을 선생님이 있을 때 완성하기 위해서다. 나무를 다듬고

4·16목공협동조합에서 만든 목공 작품들. 목공소 수강생들이 만든 작품을 전시하는 작은 전시회를 열기도 한다. ©4·16재단

망치질을 하느라, 치수를 다시 재고 구멍을 뚫느라 난로
에 올려둔 고구마가 타도록 다들 손이 바쁘다.

어머니들은 목공소가 편해 보였다. 노랗게 익은 고
구마를 입에 넣어주는 순범 어머니 손길에, 작업을 멈추
고 난로 주변에 모였다. 지난주에 김장을 했다는 사소한
일상부터 시시콜콜한 농담이 오갔고, 서로 '누구 엄마'라
부르며 자녀들 이야기를 주고받았다. 마지막 수업을 앞
두고 어머니들은 너무 아쉽다고 입을 모았다. 나무를 만
지고 있으면 '잡념이 없어'져서, 시간이 빨리 가서 좋았다.

작업장에는 고구마 굽는 냄새와 대패질할 때 나는
나무 냄새가 가득했다. 바깥은 영하의 날씨, 바닥에 얼
어붙은 곳이 있어 조심조심 걸어야 했는데, 목공소 안은
고구마가 익어가는 난로와 작업 중인 어머니들의 열기로
따뜻하기만 했다.

쭈그려 앉아 바다만 바라본 시간

수업을 맡은 사람은 4·16희망목공협동조합(이하 목공협동
조합)의 조합원 유해종 님, 세월호 단원고 희생자인 유미
지 님의 아빠다. 처음 유가족들이 목공 활동을 같이 하
자고 할 때는 목공이고 뭐고 다른 생각을 할 겨를이 없
었다. 딸을 아직 만나지 못했기 때문이었다. 미지를 기다
리던 팽목항과 진도체육관을 그는 잊을 수 없다. '쭈그리
고 앉아서 언제 올까' 바다만 바라보던 때를, 아이들을
구한다고 헬기와 잠수정 몇백 대가 와 있다는 뉴스를 보

고 배를 타고 따라 나갔지만 아무것도 없던 그 바다를, 진도체육관에 몇 남지 않은 사람들끼리 실없는 얘기를 주고받으며 가족이 오기만을 기다리던 그곳을.

사고가 나고 15일이 지나자 그는 '미칠 것 같아' 가만있을 수가 없었다. 자신이 가만히 기다리기만 해서 미지가 안 나오나 싶었고 '15일 동안 찬물에 있으면 애가 어떻게 되지?' '안 나오면 어떻게 하지?' 오만 생각이 들었다. 중대본부를 쫓아다니며 '내 새끼 데려오라'고 소리 지르면, '부모님들이 해결할 방법을 갖고 오라'며 돌려보냈다.

미지는 29일 만에 가족들 품으로 돌아왔다. 미지의 옷이 맞는지, 오른쪽 무릎에 큰 점이 있는지 일일이 확인해 가며 아이를 찾았다. 미지는 하얀 천으로 온몸을 덮고 누워 있었다. 담당자는 딸을 보지 않았으면 좋겠다고 당부했다. 그는 한참을 망설였다. 미지가 웃는 모습을 평생 기억하고 싶었다. '다음에 아버지 비행기 태워준다'던 미지와 헬리콥터를 타고 뭍으로 올라왔다.

미지 아빠는 목공을 시작했다. 전부터 함께 하자던 가족들이 있기도 했지만 뭔가 집중할 게 필요했다. 시간을 어떻게 보내야 할지, '정말로 어떻게 할 바를' 몰랐다. 미지의 마지막 모습을 봤어야 했을까 싶다가도 봤으면 본 대로 후회할 것 같았다. 제주도 가서 반장들끼리 대회가 있다고 늦게까지 춤 연습을 하던 미지가, 친구들에게 한 달 동안 생일 선물을 받고 환하게 웃던 미지의 모습이 계속 떠올랐다. 미지를 찾아 다행이었지만 진도체육관에 남은 사람들을 생각하면 미안함에 얼굴을 들 수 없었다. 후회와 미안함과 분함과 분노에, 머릿속이 잠시도 가만 있지 않았다.

살아야 해서 나무를 깎았다

목공은 참사 직후 정부 합동분향소 앞 천막에서 처음 시작됐다. 분향소 앞에서 매주 '목요기도회'가 열렸다. 예배실을 마련할 때부터 함께했던 박인환 목사님이 주도해 목수인 안홍택 목사님이 합류했다. 분향소 앞 작은 천막에서 시작한 목공은 영결식이 끝나고 분향소를 철수한 뒤에도 계속되었다. "살아야 되겠다"며 목공소를 필요로 하는 유가족들이 있었다. 4·16희망목공소라고 이름 붙이고 2015년 9월 협동조합을 설립했다. 안산시의 지원으로 지금의 공간으로 옮겼다.

미지 아빠도 목공에 몰두했다. 나무를 깎고 펜을 만들고, 의자를 만드는 동안에는 다른 생각이 나지 않았다. 그게 좋았다. 안산시에서 버려진 가로수를 목재로 쓴다. 수명을 다한 느티나무를 시에서 수거해 집하장에 갖다 두면, 목공소에서 나무를 가져와 목재로 만든다. 컴퓨터로 도면을 설계하고, 목재 위에 치수를 표시한다. 치수대로 목재를 자르고 장부맞춤이 필요한 곳은 목재를 파서 조립을 한다. 그런 다음 샌딩기로 목재를 매끄럽게 다듬고 구석구석 목공 오일을 발라 마감하면 끝난다. 도면대로 목재를 재단하고 깎으면 끝이라고는 하지만, 실제 제품으로 만들어지는 과정은 쉽지 않다. 치수에 딱 맞게 자르지 않으면 장부맞춤이 안 된다. 애써 재단하고 손질한 나무가 0.05밀리미터만 안 맞아도 쓸 수가 없어서 버려야 한다. 미지 아빠는 치수 맞추는 게 퍽 힘들었다.

"완전히 딱 맞춰야 돼. 처음에 되게 힘들었어요. 때려치우려고 그랬어.(웃음) 치수가 안 맞으면 못 쓰는 거야. 그러니까 너무 화가 나는 거예요. 그래서 이걸 어떻게 해야 되나 (싶다가) 그냥 다시 시작하는 마음으로 조금씩 하다 보니까 이제 조금 맞는 거죠. 이거라도 안 하면 너무 힘들잖아. 맨날 우울하고 죽고 싶은 생각만 들고. 그런데 여기 목공소에 나와서 나무를 잡고 있으면은, 신경을 여기 쓰다 보면 그런 잡념이 없어지죠."

목공을 하는 동안 다른 생각을 하다간 다치기 쉽다. 미지 아빠도 개소식을 앞두고 나무를 자르다 왼쪽 검지 한 마디를 잃은 적이 있다. 위험은 늘 있지만 나무를 만지는 게 좋았고 실패는 많았지만 매일 목공소로 나왔다. 내 손으로 직접 만든 세상 하나뿐인 물건을 보면 성취감이 컸다. 몇 달이 걸려 목공지도사 2급 자격증을 따고, 또 1년을 기다려 1급을 땄다. 어렵지는 않지만 시간이 필요했고 절대 익숙해졌다고 할 수는 없지만 이젠 커다란 책상도 만들고 침대도 만들 수 있게 됐다. 목공 체험 수업을 진행하는 것도 보람이 컸다. 미지 아빠가 그랬듯 사람들은 손으로 나무를 만지며 즐거워했고 자신이 만든 작품을 아까워서 못 쓰겠다며 애지중지했다.

이야기도 웃음도 허락되는 곳

무엇보다 목공소에 있으면 마음이 편했다. 유가족들과 있었기 때문이었다. 처음부터 같이 활동한 박인환, 안홍택 목사님과 봉사하러 왔다가 이제는 상근자가 된 조합원을 빼면 목공소의 조합원은 모두 유가족이다. 유가족과는 말을 할 수가 있었다. 목공소가 아닌 곳에서는 듣고 싶지 않은 말들을 너무 많이 들어야 했다. 미지 아빠는 두 눈을 꽉 감고 고개를 좌우로 흔들었다.

"귀에 막 들려 와. 자식 잃었는데 웃어? 이런 소리가 많이 들려서 너무 싫어. 한 귀로 듣고 한 귀로 흘려야 되는데 이게 여기(가슴) 차 있는 거야. 그러니까 화만 나는 거야. 참기가 너무 힘들어. 바깥에서는 어떤 말도 못 해. 집에서 농담 같은 것도 힘들어. 다들 자기 마음이 아니야. 자기도 모르게 어떻게 할까 봐 서로 조심하는 거야. 10년 됐지만 똑같아. 죽기 전까지는 똑같을 것 같아. 그나마 여기 오면은 담아놓지 않고 말을 할 수 있잖아. 유가족이니까. 어떤 말을 해도 넘어가. 농담도 하고 웃기도 하고. 여기서는 다 얘기해요. 시시콜콜한 얘기들."

위　　미지 아빠의 작업 공간. 이곳에서 세월호 리본을 만들어 시민들과 나누었다.
©정윤영

아래　"목수로 살면 밥 굶어 죽어." 미지 아빠는 장난스럽게 웃으면서도 여기선
유가족들이 숨을 쉴 수 있었다고 거듭 얘기했다. ©정윤영

목공협동조합을 만들 때 지역 주민과 소통하는 역할을 해야겠다고 목표를 세운 것은 그런 이유였다. 세월호에 관해 잘못된 정보를 바로잡아야 했고, 진상규명을 위해 힘을 더 모아야 했다. 어떻게 다가서야 할지, 무슨 말을 해야 할지 알 수 없어 느꼈던 거리감과 불편함은 시간이 지나면서 자연스럽게 줄었다. 광덕산에 등산하는 사람들과 지역 시민단체 회원들, 체험학습으로 오는 청소년들을 자주 만났고 이야기를 주고받을 수 있게 되었다.

버려진 가로수를 목재로 쓴다는 사실을 사람들은 특별히 좋아했다. 죽은 나무를 다시 재활용하는 방식을, 유가족들이 모여서 운영하는 목공협동조합을 시민들은 응원했다. 목공을 통해 만난 시민들에게 응원과 위로를 받으면서 미지 아빠는 소통이 되고 있다는 걸 체감했다.

협동조합을 세울 때 목표가 한 가지 더 있었다. 목공 활동으로 수익을 내는 것. 유가족들이 생계를 유지할 수 있도록 협동조합으로 시작하자고 한 사람은 두 목사님이었다. 유가족들이 수익을 기대하고 조합을 설립한 것은 아니지만, 직장에 다니기 어렵다는 데 동의할 수밖에 없었다. 미지 아빠도 참사 이후 2년 가까이 직장 생활을 유지했지만 더는 다닐 수 없었다. 보상금을 들먹이며 수군거리는 말들이 끊임없이 들려왔다. 같이 일한 직장 동료도 친척도 모두 자신의 편이 아니었다. 가족들과 함께 다니던 교회도 갈 수가 없었다.

미지 아빠는 목공소 상근자로 활동하면서 매일 아

침에 출근해 저녁까지, 집회나 회의가 있을 때를 빼고는, 또 일주일에 한 번 미지가 있는 효원공원에 가는 날 빼고는 목공소에서 시간을 보냈다. 수익을 내자는 처음 목표는 아직도 먼 얘기지만 목공소가 있어서, 유가족들과 얘기할 수 있어서 미지 아빠는 세월이 흘러갔다고, 여기까지 오게 됐다고 느낀다.

세월은 흐르고, 또 사고가 났다

세월은 흘러갔지만, '자식을 잃은 부모'의 시간이란 지옥이라고밖에는 표현할 말이 없었다. 가정은 '망가질 대로 망가'졌고 삶에 아무 재미가 없었다. 박근혜 탄핵 전에는 특별법 제정을 위해 매일같이 서울로 올라가 열심히 싸웠다. 옆에는 정치인들이 있었고 대선 후보도 있었다. 유가족들과 같이 단식을 하고 세월호 진상규명을 공약으로 내세웠다. 미지 아빠는 '동고동락'한 사람들의 그 말과 행동을 믿었다. 매주 효원에 가서 미지에게 '무슨 수를 써도 진상을 밝히겠다' 약속하고 다짐했다. 그 약속에 기대 살아졌다.

정권이 바뀌고 '촛불정부'가 들어섰다. 대통령의 진심을 믿었기에 유가족들은 기다렸다. 임기가 끝나가도록 밝혀지는 게 없었다. 허탈했고 '너무 믿은 게 잘못인가' 자책이 컸다. 믿고 기다린 게 억울했고 미지와 약속을 지키지 못해 미안했다. 미지 아빠는 매주 가던 효원을 전처럼 찾아가지 못한다. 아무것도 밝히지 못한 채 미지를 만

351

날 자신이 없었다. 모든 게 분노스러웠다.

　　"우리가 잘못했지. 끝까지 싸웠어야 했는데. 괜히 정
　　부만 믿고 단체만 믿고 살아왔어. 5년 동안 싸웠더
　　라면 이렇지는 않았을 거라 생각해. 이태원참사 났
　　을 때 어떤 유가족이 그러는 거야. 내가 왜 세월호
　　때 발 벗고 나서지 않았을까, 발 벗고 나섰더라면 이
　　런 사고는 나지 않았을 거라고. 그 말을 듣는데 너
　　무 가슴이 아프더라고. 우리가 제대로 못 해서 또
　　사고가 났구나 싶고. 그 부모의 마음도 우리 마음하
　　고 똑같을 거라 부모님들 보기 너무 미안한 거야."

10년을 되돌아보면 '솔직히 화나는 것밖에' 없다. 배신감
에 '벙해진' 마음뿐이다. 이렇게 사는 건 '올바르게' 사는
게 아니었다. 몸 안에서 부글부글 끓어오르는 화를 억누
르며 자신을 달래기도 하지만 언제고 폭발할 것 같아 조
마조마하다. '온전하게 살지 못할 것' 같아 다시 교회에
나가기 시작했다. 터질 것 같은 마음을 어떻게든 달래야
했다. 미지가 매일같이 했던 기도가 있다. 아빠가 술
과 담배를 끊고 교회에 나오기를 바란다는 기도였다. 아
빠는 이제 매주 교회에 나가고 술과 담배도 모두 끊었다.
미지 아빠는 미지가 매일 아빠를 위해 기도했다는 걸 가
끔 떠올린다.

　　아빠는 목공소에서 안산 길거리에서, 팽목항과 광화

또 한 번 정권이 바뀌고 세월호 관련 예산이 줄어든 지금, 4·16희망목공소도 어떻게 될지 알 수 없다. 목공소는 시에서 운영하는 공원 안에 있고, 안산시는 그동안 목공소에 전기세를 지원해 왔지만 그 지원이 올해 사라졌다. 아마 내년이 되면 공간을 빼라고 하지 않을까 미지 아빠는 생각한다. 마음으로 대비는 하고 있지만 '갈 데가 없다.' ©정윤영

문에서 만난 사람들도 떠올린다. 길에서 특별법 제정 서명을 받을 때 가까이 다가와 안아주었던 사람들, 막말을 하는 사람을 막아서며 유가족을 대신해 싸워준 사람들, 함께하겠다고 끝까지 진실을 밝히겠다는 약속을 해준 사람들이었다. 위로의 말을 미지 아빠는 많이 받았다고 느낀다. 목공협동조합을 시작할 때 받은 만큼 돌려주고 싶다고 얘기한 이유였다.

조바심 내지 말고 천천히 싸우라

위로가 되는 말은 또 있다. 5·18 부모님들이 4·16 유가족에게 해준 말이다. 처음엔 들리지 않던 부모님들의 말이, 10년이 되고 보니 이제야 무슨 말인지 알 것 같았다. 부모님들이 해준 말을 미지 아빠는 가슴에 품고 살며 종종 떠올리게 되었다.

> "광주도 30년, 40년 지나면서 조금씩 밝혀지듯이 우리도 오래가지 않겠냐고 얘기하셨어. 정부를 상대하는 건 (진상을) 밝히기 힘들다, 어떤 정부가 들어서도 힘드니까 참고 느긋하게 즐기는 사람이 이긴다, 조바심 내지 말고 싸울 준비만 하면서 천천히 싸우라고 그러시는 거야. 당시엔 속으로 그런 게 어딨어. 빨리 싸워서 이겨야지. 그랬는데 그분들이 진리가 있는 말씀을 하셨구나 싶어요. 즐기고 오래 참는 자가 승리한다는 말을 명심하고 살아가면 될 것 같아."

미지 아빠는 분노가 차오를 때는 그 말을 되새기며 마음을 다독이고 아무 생각 없이 나무를 도닥인다. 어그러진 진상규명이 앞으로 어떻게 될지 알 수는 없다. 다만 해결되어야만 할 일이므로 언제고 해결이 될 것이라고 '그냥 무심코 기대를 할' 뿐이다. '우리 같은 사람 나오면 정말 안 되'므로 그럼 또 한 번 '세상이 박살 나는 것'이므로.

최근 정권이 바뀌고 다시 한번 싸울 때가 되지 않았나 아빠는 생각한다. 그때가 되면 '열 일 제쳐놓고' 세월호의 진실을 밝혀내겠다고 다짐한다. 지금은 버려진 가로수를 대패질하고 사포질하면서. 목공소를 찾는 사람들과 주걱을 만들고 소반을 만들면서. 그 사람들과 함께 웃으면서.

엄마들은
울지
않는다

4·16가족나눔봉사단 단장, 조은정 엄마 박정화

글 / 신정임

짜장면 나눔 봉사라고 했다. 배달 온 짜장면을 나르나. 예상이 빗나갔다. 짜장면을 만들었다. 그것도 길거리에서. 봉사자들이 커다란 망에서 양파들을 꺼내 껍질을 벗기고 깍두기 모양으로 썰었다. 감자와 호박도 똑같이 깍두기 모양으로 썰고, 오이는 채를 쳤다. 300인분을 준비한다더니 야채들 양이 어마어마하다. 도마만 10개가 넘는다.

10월 노인의 달을 맞아 4·16가족나눔봉사단(이하 4·16봉사단)과 대한적십자사 안산지회 숨트임봉사회가 함께 안산시 외국인주민지원본부 야외 무대에서 마련한 '원곡동 노인의 날 경로잔치'는 이렇게 준비됐다. '한국SNS연합회 사랑의 짜장차' 봉사자들이 조리를 담당했지만 손이 많이 가는 재료 손질은 두 단체 봉사자들 몫이었다.

4·16봉사단 엄마들의 손놀림이 빠르다. 아침 8시 30분에 시작할 때는 과연 11시 행사 전까지 음식 준비가 될까 걱정했는데 여유롭게 마쳤다. 사랑의 짜장차에서 면을 뽑아 그릇들에 담는 사이, 4·16봉사단 엄마들은 조리도구들을 설거지한 후 칼과 도마들을 햇볕에 말린다. 역시 주부 9단들이다. 대한적십자사 관계자들과 허물없이 대화를 나누며 봉사를 하는 모습도 자연스럽다.

세월호참사와 봉사라는 낯선 조합이 자연스러워지기까지 어떤 일들이 있었을까? 답을 듣기 위해 4·16봉사단 단장인 박정화 님을 보름 뒤 4·16꿈숲학교에서 만났다.

받은 위로를 또 다른 사랑으로

팽목항과 진도체육관에 있을 때는 정신이 없었다. 수학여행에 간다고 들뜬 표정으로 집을 나선 아이들을 주검으로 마주하게 된 믿지 못할 현실만으로도 버거워 세월호 희생자 가족들은 주변을 돌아볼 겨를이 없었다. 아니, 스스로를 돌볼 틈도 없었다. 밥을 먹는 것도, 잠을 자는 것도 잊은 채 아이들 이름만 부르고 또 부르던 날들이었다.

"그때 우리 곁에서 물도 챙겨주고, 밥도 챙겨주고, 주변 청소도 해주는 분들이 계셨어요. 안산 화랑유원지 합동분향소에 왔을 때도 상주해서 봉사하는 분들이 있었고요. 그때는 경황이 없어서 '그냥 하나 보다'라고 생각했는데 시간이 흐를수록 그분들이 너무 고마운 거예요. 일일이 찾아가서 고맙다고 인사하고 싶은 이 마음을 어떻게든 표현하고 싶었어요."

받은 위로를 또 다른 사랑으로 돌려주기로 했다. 참사가 난 바로 다음 해인 2015년부터 연탄 나눔 봉사를 했다. 2018년에는 아예 4·16봉사단을 꾸렸다. 겨울이면 연탄뿐 아니라 직접 몇백 포기씩 김장을 해서 방한용품과 함께 이웃과 나눴다.

　가정의 달인 5월이면 어린이날에는 안산 지역 어린이들에게 노란 리본과 함께 과자 꾸러미를 선물하고, 어버이날에는 안산에 거주하는 어르신들께 선물을 드렸다.

4·16가족나눔봉사단은 2023년 10월 20일, 대한적십자자 안산지회 숨트임봉사회와
함께 노인의 달 맞이 짜장면 나눔 봉사를 진행하면서 직접 짜장면을 만들었다.
ⓒ4·16세월호참사 가족협의회

"세월호 엄마들이에요?"라고 묻는 아이들에게 "맞아. 별이 된 언니, 오빠들 대신해서 엄마들이 소중한 우리 어린이들에게 선물하는 거야"라고 말했다. 어버이날 선물은 세월호 희생자들 수만큼 304개를 준비했다.

선물 나눔도 몇백 개씩 준비하려면 품이 많이 든다. 연탄봉사나 김장처럼 무거운 걸 많이 들어야 할 때는 몸도 고단하다. 수해나 산불 피해 지역에 가서 복구 작업을 도울 때는 힘에 부치기도 한다. 봉사 다음 날 앓아누울 때도 많았다. 그런데도 4·16봉사단 엄마들은 어떤 일이든 거침없이 달려든다. 봉사 현장에 가면 가만히 있지 못하고, '빨리빨리' 병이 도지는 것 같다.

> "엄마들이 일을 보면 잠시도 놔두지를 못해요. '빨리빨리'를 무슨 주문처럼 외우고 있어요. 옆에서 몸 생각해서 천천히 하라고 해도 엄마들이 뭐랄까. 자식 잃은 허전함을 고된 노동으로 채우려고 하는 모습이 보여요. 안타깝다가도 어떨 때는 그런 게 도움이 돼요. 일을 하다 보면 배가 고프잖아요. 밥을 맛있게 먹고, 같이 일을 하면서 웃기도 하니까…."

봉사 현장에서 사람들과 어울리면서 혼자 있을 때 느끼는 외로움과 고립감에서 벗어난다. 위안이 되고 봉사를 하면서 느끼는 보람도 크다.

위   4·16나눔봉사단은 어버이날을 기념하여 단원고 앞 정자에서 나눔 행사를
진행했다. ©4·16재단

아래   선물은 세월호참사 희생자 수에 맞춰 304개를 준비했다. ©4·16재단

"우리가 하도 베풂을 받아서인지 이제는 베푸는 게 너무 좋아요. 봉사하는 분들이 왜 계속 봉사하고 베푸는지 알겠더라고요."

안산 지역에서 활동을 하면서 세월호참사 때 함께했던 시민들을 만나면 또 그렇게 반가울 수가 없다.

"간담회 같은 걸 할 때 '아이들 올라올 때 가서 빨래도 하고 밥도 해줬는데' '1년 동안 거기(화랑유원지 합동분향소)에 있었어' 이런 분들을 만나면 너무 고마운 거예요. 그분들께 그때 너무 고마웠다고, 그래서 우리가 이렇게 봉사단을 만들어서 다니고 있다고 하면 그분들도 좋아하시고요."

4·16봉사단에게 봉사는 단순히 누군가를 돕는 일이기보다는 세월호 희생자들의 억울함을 풀기 위해 싸워나갈 힘을 얻고 스스로를 치유하는 과정이 되고 있다.

가장 기억에 남는 봉사활동은 2022년 3월 경북 울진 산불 현장에 찾아갔던 일이다. 철도 직원 숙소를 임시 거처로 삼고 있는 이재민들에게 세월호 유가족임을 알리고선 도시락을 배달하고 말벗도 해드리면서 아픔을 나눴다.

"장판 밑에 깔아둔 5만 원짜리가 다 탔다는 분도 있고, 돈을 넣어둔 항아리가 깨지면서 돈도 사라졌다

김장 나눔 봉사를 위해 김치를 담그는 박정화 님. 세월호 엄마들은 봉사 현장에만 가면
'빨리빨리'를 외치며 고되게 몸을 쓰면서 마음속 허전함을 달랜다고 한다. ⓒ4·16재단

2章 10년의 기억을 품은 사람들

는 분도 계시더라고요. 우리는 자식을 잃고, 그분들은 재산을 다 잃은 거죠. 같은 피해자의 심정으로 몰입해서 듣게 돼요. 나이 드신 분들이 그만큼 돈을 모으려면 또 얼마나 시간이 걸릴까. 생각하면 가슴이 많이 아프더라고요."

같은 실수를 반복하지 않겠다

박정화 님을 비롯한 세월호 가족들은 재난참사 피해당사자로서 또 다른 피해자들의 아픔과 치유를 돕기 위해 재난피해지원전문가 양성 교육을 받기도 했다. 재난안전전문가는 울진 산불 현장처럼 재난 지역에 가서 상담 등을 하고, 초중등학교에 나가 안전교육도 한다.

그는 수업에 들어가면 처음에 세월호에 대해서 짧게 얘기한다. 세월호참사를 알고, 엄마가 줬다며 가방에 노란 리본을 달고 다니는 아이들을 만날 때마다 정말 반갑다. 아이들 앞에 서면 마음을 다해서 이야기한다.

"세월호 언니 오빠들은 살고 싶어도 어른들이 살려주지 않아서 꿈도 키울 수 없었어요. 내 안전과 내 생명은 내가 지킨다는 마음으로 생명을 소중히 여기면 좋겠어요."

재난안전전문가 중급 과정은 6개월 동안 교육을 받고 현장실습까지 해서 쉽지 않았지만 꼭 필요했다. '사단법인

4·16세월호참사 진상규명 및 안전사회 건설을 위한 피해자 가족협의회'(4·16세월호참사 가족협의회) 이름에 걸맞은 일을 하기 위해서였다. 재난안전전문가 중급 과정 수료식에서 그는 이렇게 소감을 발표했다.

"꽃을 잘 피워내기 위해서는 적당한 일조량과 거름, 그리고 물이 필요해요. 우리 아이들이 제대로 피기 위해서도 그런 것들이 필요했단 말이죠. 그런데 우리 아이들을 대하는 사회(어른)는 어땠나요? 방관하고 방조했어요. 저도 이 사회의 어른이죠. 처음에 이런 프로그램을 마주할 때 굉장히 회의적이었어요. 이런 거 한다고 우리 아이들이 살아 돌아오는 것도 아니고, 뭐가 얼마나 바뀌겠나 싶었죠. 그런데 다시 곰곰이 생각해 보니 내가 바뀌면 다른 사람들도 바뀌고 그렇게 사람들이 바뀌면 사회가 변하지 않을까? 생각이 들었어요. 지금 이런 프로그램에 참여하는 엄마들 모두가 이렇게 생각할 거예요."

실제로 4·16세월호참사 가족협의회라는 활동을 하면서 그런 변화를 많이 접했다. 예전에는 정치인이 나라를 다스리면 되지 왜 국민이 콩 놔라, 배 놔라 하는지 이해를 못 했는데 지금은 국민이 정치인을 가르칠 필요도 있다고 생각한다. 유가족들이 먼저 국회에 요구해서 생명안전기본법 제정이 추진되고 있는 것처럼.

"그래야만 국회의원들도 바뀌고 국민도 바뀌잖아요. 다들 참사 피해자가 아니면 이런 일이 생길 거라고 생각을 못 하잖아요. 저도 교회에 다녔으니까 기도만 하면 하나님이 우리 가정을 지켜줄 거라고 믿으면서 살았어요. 그렇게 기도만 하고 살다가 세월호참사를 겪고서는 내가 신앙을 잘못 배웠구나 하는 깨달음이 오더라고요. 당해봐야만 그런 깨달음을 얻는데 그게 너무 아픈 거예요. 다른 사람들은 그런 아픔을 겪지 않았으면 하는 마음으로 법도 만들자고 하고, 이런 활동도 용기를 내서 하는 거예요."

박정화 님은 4·16봉사단 외에도 많은 일을 해왔다. 봉사단장 전에는 4·16공방의 공방장을 맡았고, 9반 '윤희 엄마' 김순길 님과 함께 단원FM 라디오방송 중 '끝나지 않은 세월호 이야기'도 진행한다.

세월호참사를 겪으면서 삶이 바뀌었다. 지금까지 해온 일들이 이전에는 생각도 못했던 일들이다. 강의를 하고 라디오방송을 진행할 줄 누가 알았겠는가. 강의 연습을 하다가 생각이 안 나 머리가 하얘지기도 했다. 방송 진행을 하다가 단어가 떠오르지 않아 당황한 적도 있다. 남 앞에 서면 눈도 잘 못 맞추고 얼굴부터 빨개지던 사람이었기에 앞에 나서는 일이 부끄럽고 진짜 힘들지만 용기를 낸다. "사람이 별로 없어서"라고 말은 하지만, "억울해서" 못 떠나고 할 일이 생기면 묵묵히 할 뿐이다.

"남은 가족들 생각해서 일상생활로 돌아간 엄마 아빠들도 많은데 나는 그게 잘 안되더라고요. 우리 딸 억울한 걸 풀어야죠. 옛날에는 자식들 위해서 돈을 벌고 생활을 했다면 자식이 없으니까 그게 안 되는 거예요."

식탁에서 사라진 생일 미역국

그의 딸 은정이는 별명이 '성격 미인'일 정도로 친구들과 두루 잘 지냈다. 집에서도 효녀였다. 일하는 엄마가 힘들까 봐 어깨도 주물러주고 부엌에서 음식을 하고 있으면 뒤에 와서 "사랑해" 하며 안아주는 딸이었다.

"사랑한다는 말을 되게 많이 했어요. 평생 못할 말을 다 하고 가려고 했는지 평소에 '사랑해'라는 말을 엄청 많이 했어요."

사랑이 많은 아이는 엄마 일도 열심히 도왔다. 미용실을 할 때는 한 살 위인 오빠와 함께 학교가 끝나면 파마 말 때 쓰는 종이들을 펴는 일을 도맡았다. 은정이가 고등학생이 되고 식당을 시작하자 두 아이는 주말에 홀 서빙 알바를 했다. 점심만 하면 1만 원, 저녁까지 하면 2만 원씩 줬는데 점심만 하고 사라지던 첫째와 달리 은정이는 저녁까지 일을 했다. 그 돈을 모아 엄마 아빠의 결혼기념일이나 생일이 되면 필요한 걸 사라고 봉투를 건네곤 했다.

가족 이벤트도 은정이가 다 챙겼다. 생일이면 집 안 불을 다 꺼놓고 있다가 저녁 늦게 퇴근하는 엄마를 촛불을 켠 케이크로 맞이하던 딸이었다. 은정이 얘기할 때가 제일 행복한데 그렇게 예뻤던 딸이 지금은 곁에 없다. 딸이 세상을 떠난 뒤론 집에서 이벤트가 사라졌다. 가족들 생일도 안 챙긴다. 은정이 생일에 케이크만 사다 놓고 조용히 밥을 먹는 걸로 온 가족 생일 기념을 대신한다. 미역국도 끓이지 않는다. 뭘 잘했다고 미역국을 끓이겠나.

이렇게 10년을 지내오면서 아들한테 많이 미안하다. 참사가 일어나고 한동안은 보이는 게 없었다. 집에 와도 울기만 하다가 수면제를 먹어야 겨우 잠드는 날들이 이어졌다. 당시 고3이던 아들이 어느 날 말했다.

"엄마, 나는 엄마 자식이 아니야? 왜 나는 안 봐줘."

그때야 아들이 보였다. '아, 네가 있었구나.' 말할 수 없이 미안한 마음을 전했다.

"엄마가 은정이 그렇게 보낸 게 너무너무 억울해서 그래. 은정이 억울한 거는 풀어줘야 하잖아. 하지만 이거 하나는 알아줘. 엄마는 아들도 정말로 사랑한 단다."

그렇게 울면서 이야기를 나누고 난 뒤에야 아들이 조금

씩 좋아졌다. 여전히 명절이나 가족들 생일 등 기념일이 돌아올 때가 제일 힘들다. 그런 날이 없었으면 좋겠다는 생각도 많이 했다. 세월호참사가 난 뒤로 명절 때 시댁이나 친정에 간 적이 없다. 서로 어색하게 이야기 나누는 것도 힘들고, 팽목항과 목포신항에서 명절상을 차리기 때문이다.

"딸 보내놓고 지금까지 우리 아들하고 명절을 같이 보낸 적이 없더라고요. 이번 추석 때야 그 생각이 든 거예요. 추석날 팽목에서 음식을 하다가 아들한테 전화했어요. 지금 뭐하고 있느냐고 물으니 그냥 원룸 방에 있다고 하더라고요."

"아들, 엄마가 그동안 못 챙겨줘서 미안해"라고 사과하자 아들은 "괜찮아, 엄마. 은정이 일인데 뭘"이라고 쿨하게 말했지만 말끝에는 외로움이 묻어났다. 다음 날 불러 같이 밥을 먹으면서 앞으로 명절은 같이 보내기로 했다. 하지만 여전히 마음이 무겁다. 은정이의 억울함을 풀어주지 못했기 때문이다. 10년 동안 외쳐온 진상규명도, 책임자 처벌도 제대로 이루어진 게 없다.

엄마들은 울지 않는다

4·16봉사단은 최근엔 매달 '줍깅' 활동도 하고 있다. 세월호참사 단원고 희생자 250명을 추모하고, 생명과 안전

에 대한 교육과 소통의 공간으로 건립 추진 중인 4·16생명안전공원 예정지인 화랑유원지를 가꾸면서 생명안전공원에 대해 시민들에게 알리기 위해서다. 매달 줍깅을 한 덕분에 곳곳에 쓰레기가 굴러다니던 화랑유원지의 잔디 광장이 눈에 띄게 깨끗해져 기분이 좋다.

생명안전공원에 대한 여론도 조금씩 좋아졌다. 처음 엔 안산시 곳곳에 생명안전공원에 대한 반대 현수막이 붙고, 반대 시위도 계속 열렸지만 지금은 반대 여론이 많이 수그러들었다. 안산 시민들과 만나던 초창기가 생각난다. 봉사활동을 가든 주민간담회를 가든 세월호 엄마들이 여길 왜 왔느냐는 눈치를 받곤 했다. 사람들이 곁으로 오지도 않았다. 왜 우리가 여기에 와서 눈칫밥을 먹어야 하나. 서운하고 속상했지만 계속 그 상태로 있을 수는 없어 먼저 다가갔다. 그리고 슬픔을 감추는 법을 익혔다.

"엄마들끼리 다짐을 했어요. 간담회 가면 울지 말자고요. 다시 못 올지도 모르는, 굉장히 어렵게 만든 자리인데 울다 보면 하고 싶은 얘기도 못 하고 나중에 후회하거든요. 자식 핑계로 보험금 많이 받았으면 놀러나 다니지 왜 이런 데 왔느냐 같은 막말을 들을 때면 나도 모르게 눈물이 줄줄 나와요. 그럴 때도 넉살이 좋아야 한다고 되새기면서 울음이 나오려고 해도 꾹 참아요."

370

행사에 가면 "우리 세월호 엄마들이지만 슬프고 무거운 이야기 하려는 게 아니라 같이 어울리고 싶어서 왔어요" 라며 다가갔다. 그러니 사람들도 조금씩 마음을 열었다. 관공서나 다른 단체와 함께 하는 일들이 많아졌다. 자선 행사든 알뜰시장이든 시민들을 만날 일이 있으면 더 신경을 썼다. 음식을 해도 푸짐하게, 선물을 해도 예쁘고 좋은 걸 준비하려고 애썼다.

진짜 마음은 통하는 법. 이제는 지역에서 '언니, 동생' 하는 이들이 많아졌다. 행사를 가면 우리를 먼저 소개하는 이들도 생겼다. "여기 세월호 엄마들이에요. 세월호 잊으면 안 돼요"라고.

2024년 완공 예정이던 4·16생명안전공원이 아직 착공조차 못하고 있다. 2021년부터 공사를 시작해 2022년쯤 준공할 계획이었지만 안산시와 기재부 등 관계 기관의 행정 처리가 지연된 탓에 예정보다 3년이나 늦어져 2024년 연말에나 착공될 것 같다. 2026년 준공만큼은 지켜져 별이 된 아이들에게 생명안전공원을 선물하고픈 마음이 간절하다. 아이들이 떠난 지 10년이 다 되도록 이조차도 이루어놓지 못한 미안함에 더 자주 화랑유원지에 나가 쓰레기를 줍고, 간담회에 나가 시민들에게 이야기한다.

"저도 우리 아이가 욕을 먹으면서까지 이곳으로 오는 걸 바라지 않아요. 그렇지만 우리 아이로 인해 좀 더

안전한 사회가 된다면 욕을 먹더라도 생명안전공원
에 우리 아이들을 데려다 놓고 싶습니다. 사람들이
아이들 이름이나 사진이라도 한번 봐야 기억할 수
있잖아요. 다시는 이런 참사가 일어나지 않도록 해
야겠다고 마음도 먹고요."

자식을 잃고 살아온 날들이 너무 아프다. 다른 사람들은
아프지 말고, 자식을 잃는 그런 피해가 없으면 좋겠다는
마음으로 가슴 깊이에서 용기를 짜내 살아가고 있다. 이
용기가 세상의 변화에 가닿길 바라면서 박정화 님은 오
늘도 가슴에 묻은 은정이와 함께 발걸음을 내딛는다.

4·16가족나눔봉사단은 매달 화랑유원지에서 줍깅 봉사를 하면서 4·16생명안전공원의
필요성을 안산시민들에게 알리고 있다. ⓒ4·16재단

사진 출처

33쪽, 김봉규, 〈세월호 미공개 선체 내부 언론 공개〉, 한겨레
275쪽 위, 김봉규, 〈떠나지 못하는 세월호〉, 한겨레
313쪽, 박승화, 〈2022 4·16생명안전공원 문화제〉, 한겨레

세월호 10년의 사람들

고명선   4·16민주시민교육원 1기 수료생

김명임   4·16가족극단 '노란리본' 대표, 곽수인 엄마

김애숙   목포 4·16공감단 활동가

김우철   4·16재단 국민발기인

김원   세월호를 기억하는 제주 청소년 모임 총대장

김정화   0416단원고 가족협의회 위원장, 김빛나라 엄마

박강희   4·16재단 국민발기인

박보나   단원고 희생자 박성호 누나

박은영   세월호 제주기억관 운영위원

박정화   4·16가족나눔봉사단 단장, 조은정 엄마

설수빈   단원고 생존자

안명미   416합창단 단원, 문지성 엄마

양성일   신부, 천주교인천교구 정의평화위원회 위원장

양승미   노란리본공작소 활동가

오용선   세월호 일반인 생존자

유가영   단원고 생존자

유해종   4·16희망목공협동조합 조합원, 유미지 아빠

이은화   4·16민주시민교육원 기억관운영실 팀장

이지성   4·16기억저장소 소장, 김도언 엄마

장성회   '신나는 문화학교' '쉼표' 상근자

전태호   세월호 일반인 유가족협의회 위원장

정기열   광주시민상주모임의 시민상주

정성욱   4·16세월호참사 가족협의회 진상규명 부서장, 정동수 아빠

조선재   4·16생명안전공원 예배팀